Hernandes Dias Lopes

MIQUEIAS
A justiça e a misericórdia de Deus

© 2008 por Hernandes Dias Lopes

Revisão
Regina Aranha
João Guimarães

Adaptação de capa
Patricia Caycedo

Adaptação gráfica
Sandra Oliveira

1ª edição - julho de 2009
Reimpressão - dezembro de 2010
Reimpressão - maio de 2013
Reimpressão - setembro de 2014
Reimpressão - agosto de 2015
Reimpressão - julho de 2015
Reimpressão - agosto de 2017
Reimpressão - janeiro de 2019

Gerente editorial
Juan Carlos Martinez

Coordenador de produção
Mauro W. Terrengui

Impressão e acabamento
Imprensa da Fé

Todos os direitos desta edição reservados para:
Editora Hagnos
Av. Jacinto Júlio, 27
04815-160- São Paulo - SP - Tel (11)5668-5668
hagnos@hagnos.com.br - www.hagnos.com.br

Dados Internacionais de Catalogação na Publicação (CIP)
(Câmara Brasileira do Livro, SP, Brasil)

Lopes, Hernandes Dias -
Miqueias: a justiça e a misericórdia de Deus / Hernandes Dias Lopes.
- São Paulo, SP: Hagnos 2009. (Comentários expositivos Hagnos)

ISBN 978-85-7742-061-2

1. Bíblia A.T. Miqueias - Comentários 2. Deus - Justiça 3. Deus - Misericórdia
I. Título

09-05728   CDD-224.93077

Índices para catálogo sistemático:
1. Miqueias: Livros históricos: Bíblia: Comentários   224.93077

Dedicatória

DEDICO ESTE LIVRO ao querido casal Milton Rosa Júnior e Karla Mara Galvani Rosa, servos de Cristo, irmãos amados, amigos preciosos, encorajadores sempre presentes em minha vida, família e ministério.

Sumário

Prefácio	7
1. O homem, seu tempo e sua mensagem	11
2. O julgamento do povo de Deus *(Mq 1.1-16)*	33
3. Opressão, punição e restauração *(Mq 2.1-13)*	51
4. O inescapável julgamento de Deus *(Mq 3.1-12)*	71
5. A exaltação da igreja de Deus *(Mq 4.1-13)*	91
6. O reinado do Príncipe da Paz *(Mq 5.1-15)*	111
7. O povo de Deus no banco dos réus *(Mq 6.1-16)*	131
8. A esperança que nasce do desespero *(Mq 7.1-20)*	151

Prefácio

MIQUEIAS É UM LIVRO CONTEMPORÂNEO. Sua mensagem é contundente, oportuna e absolutamente necessária. Miqueias está vivo, ele está nas ruas. Sua mensagem deveria estar estampada nos jornais mais conceituados e mais lidos, nos corredores das câmaras de mandatos populares, nos tribunais de justiça e nos púlpitos evangélicos.

Miqueias, embora tenha sido um caboclo procedente de uma pequena cidade, ergueu a voz para denunciar os pecados de Jerusalém, a imponente capital de Judá. Com coragem invulgar denunciou os esquemas de corrupção no palácio, no poder judiciário e nos corredores do templo.

Miqueias denunciou a aliança espúria e o concubinato vergonhoso entre os políticos inescrupulosos e os religiosos avarentos. A religião e a política se uniram pelos mais sórdidos motivos para buscar os mais perversos resultados.

O propósito desse conluio maldito foi uma implacável opressão aos pobres. Os camponeses perderam as terras, as casas, as famílias e até a liberdade. Os ricos criaram mecanismos criminosos para roubarem os fracos, os oprimidos e os pobres. Estes não tinham direito, nem vez, nem voz.

Os tribunais estavam ocupados por homens corruptos que, mancomunados com os ricos, vendiam sentenças por dinheiro e prostituíam sua sacrossanta vocação. Os ricos construíram suas casas com bens adquiridos criminosamente, e os reis edificaram Jerusalém com sangue e violência.

Miqueias, porém, não se impressionou com a magnificência dos palácios da cidade nem com suas torres imponentes. Ele não vendeu sua consciência como os sacerdotes avarentos nem se corrompeu como os profetas da conveniência. Antes, desmascarou a liderança corrupta, chamou o povo ao arrependimento e anunciou, em nome de Deus, o juízo inevitável que viria sobre toda a nação.

Miqueias anunciou com irredutível coragem o juízo de Deus sobre Jerusalém. Profetizou o cativeiro de Judá e mostrou com cores vivas que nem o dinheiro, nem o poder político nem as alianças internacionais poderiam livrar Judá de um trágico cativeiro. Jerusalém não seria tomada, seria entregue. Deus mesmo entregaria seu povo nas mãos de seus inimigos. Porque o povo não quis ouvir a voz da graça, receberia o látego do juízo.

No entanto, não ficou só nisso. Miqueias também falou da misericórdia divina. Mostrou que Deus perdoa a iniquidade e lança os pecados do seu povo nas profundezas

Prefácio

do mar. Deus disciplina seu povo, mas não desiste dele. A disciplina é um ato responsável de amor. O Deus que disciplina também restaura. O Deus que manda para o cativeiro também liberta do cativeiro. O Deus que faz a ferida também aplica o bálsamo da cura.

Miqueias finalmente olhou para o futuro e vislumbrou a vinda do Messias, o Príncipe da Paz, aquele que implantaria seu reino não pela força da espada, mas pelo poder da sua cruz. Miqueias viu pela fé a chegada gloriosa do Reino de Cristo e o resplendor da igreja, a noiva do Cordeiro. Assim, o livro de Miqueias equilibra juízo e misericórdia, disciplina e restauração, sofrimento e esperança.

Hernandes Dias Lopes

Capítulo 1

O homem, seu tempo e sua mensagem

O PROFETA MIQUEIAS ESTÁ NAS RUAS. Sua mensagem está estampada nos jornais, e suas manchetes se multiplicam nos *outdoors*, ao longo de nossas avenidas. A atualidade desse profeta rural é perturbadora. Ele toca nos temas mais polêmicos e denuncia os crimes mais hediondos, que ainda hoje afligem o povo tanto na cidade quanto no campo.

Miqueias não é um profeta da conveniência. Ele ergue a voz e denuncia a arrogância dos poderosos, a truculência dos ricos e a deslavada injustiça dos tribunais; também emboca sua trombeta para condenar a conveniência vergonhosa dos profetas e sacerdotes que, por ganância, ajudam a sustentar um sistema injusto e opressor.

Os tempos mudaram, mas o homem não. A despeito de toda a nossa prosperidade e avanço científico; a despeito dos direitos internacionais serem promulgados e o respeito à soberania nacional garantida por lei, a desintegração de nossa sociedade avança a passos largos e resolutos.

Os valores morais estão sendo demolidos. As pilastras sustentadoras da ética estão sendo dinamitadas. A corrupção endêmica e sistêmica está invadindo os poderes constituídos, enfiando suas garras em todos os setores da sociedade, num esquema vergonhoso de assalto ao erário público. A roubalheira é feita à luz do sol, sem nenhum pudor e sem qualquer punição. Mas a desconstrução da sociedade não está apenas no cenário político. A igreja também está perdendo sua identidade. A secularização invade as igrejas. As pessoas se tornaram cada vez mais religiosas e afastam-se cada vez mais de Deus.

Há um abismo entre o que as pessoas professam e o que elas praticam. Há uma inconsistência entre sua teologia e sua ética. Entretanto, o sincretismo religioso invade o arraial evangélico brasileiro. Pregadores inescrupulosos mudam a mensagem do evangelho, para atrair os incautos e auferir gordos lucros. A religião está se transformando em negócio rendoso. Esses aventureiros da fé introduzem no culto rituais e práticas estranhos à Palavra de Deus, mantendo o povo, desprovido de conhecimento, no cabresto do misticismo.

Nos dias de Miqueias, o crime estava em alta, e os valores morais, em baixa. Essa realidade ainda é a mesma. As famílias estão se desintegrando. Os alicerces da virtude estão entrando em colapso. Os escândalos se multiplicam a partir dos palácios até as choupanas. O próprio povo da aliança está se desviando da verdade e entregando-se a rituais religiosos eivados de misticismo.

A linha divisória entre o certo e o errado está confusa. Nossa sociedade aplaude a ignomínia e faz troça da virtude. Chama luz de trevas, e trevas de luz. Estamos num atoleiro moral. Estamos no epicentro de uma baita confusão. Estamos vivendo a época de uma lógica ilógica, de uma retórica vazia, de ideologias falsas e de uma fé sincrética.[1]

Estamos precisando de novos Miqueias, que saiam às ruas, que ergam sua voz, que emboquem a trombeta nos templos e nos palácios. A voz de Deus precisa ser ouvida nos centros nevrálgicos da economia, nos corredores do comércio e nos bastidores do poder.

Vamos destacar alguns pontos na introdução do livro de Miqueias.

O homem (1.1)

Antes de falar da mensagem, vamos receber um pouco de luz acerca do mensageiro. Cinco coisas merecem destaque:

Em primeiro lugar, *o nome do profeta* (1.1). O nome "Miqueias" era muito comum em Israel. O Antigo Testamento faz referência a cerca de doze pessoas que receberam nomes análogos. Esse Miqueias é distinguido dos demais pela sua procedência geográfica, bem como pelo tempo preciso de sua profecia. O hebraico é *Miqayah*, composto de três palavras: *Mi qah yah*, cujo significado é: "Quem é como Iavé".

O nome do profeta é uma indagação exclamativa, como se fosse uma espécie de desafio.[2] Seu nome, na verdade, era um constante desafio à nação que abandonara sua fidelidade a Deus para flertar com as divindades pagãs de outros povos. George Robinson diz que o nome do profeta: "Quem é como Iavé", era em si mesmo um credo ortodoxo num tempo de apostasia (1.1; 7.18; Jr 26.18).[3]

Isaltino Filho, nessa mesma linha de pensamento, afirma:

Há realmente uma coincidência muito grande entre o significado dos nomes dos profetas e a mensagem anunciada por eles. Sua mensagem já está, em boa parte, no sentido dos seus nomes.[4]

Em segundo lugar, *a procedência do profeta* (1.1). O profeta nasceu na Judeia, profetizou em Jerusalém, e era jovem contemporâneo de Isaías (1.1; Is 1.1). Como contemporâneo de Isaías, de Oseias e de Amós, ele trabalhou na última metade do século 8 antes de Cristo.[5]

Miqueias era um caboclo, nascido na pequena vila de Moresete, a 32 quilômetros a sudoeste de Jerusalém. Crabtree destaca que Miqueias morava na região da entrada dos assírios na Palestina e que observou as invasões sucessivas desses inimigos poderosos e cruéis do seu povo. Ele sabia da queda de Damasco sob o poder da Assíria em 732 a.C., e do fracasso da aliança política Síria-Israel.

Dez anos depois, em 722 a.C., a capital do reino de Israel, Samaria, caía no poder dos assírios, depois de três anos de sítio. A política vacilante de Israel, em sua aliança com o Egito, no esforço de manter a sua independência, falhou, e Israel desapareceu como nação.[6]

Vale a pena observar a origem humilde do profeta. Moresete-Gate não tinha qualquer relevância econômica ou política. Miqueias não nasceu num grande centro urbano nem tinha familiaridade com os poderosos de sua época. Não era de fina estirpe nem ostentava qualquer medalha de honra ao mérito. Isso nos ensina que Deus não precisa de figurões para fazer sua obra. Deus não precisa de estrelas para levar adiante a sua causa. Talvez um dos mais graves pecados da igreja contemporânea seja o fato de que muitos pregadores e cantores são tratados como astros, como estrelas.

Há muitos obreiros que se julgam importantes demais. Todavia, as estrelas só brilham quando o sol não está brilhando. Onde o Sol da Justiça estiver brilhando não há espaço para os homens brilharem.

Em terceiro lugar, *a personalidade do profeta* (3.8). Não encontramos no livro de Miqueias como ocorreu o seu chamado para o ministério profético, mas temos evidência clara dessa convicção. Ele mesmo revela o segredo do seu poder: "Eu, porém, estou cheio do poder do Espírito do Senhor, cheio de juízo e de força, para declarar a Jacó a sua transgressão e a Israel, o seu pecado" (3.8).

George Robinson diz que Miqueias estava cheio de simpatia leal pelos tiranizados. Sua sinceridade não fingida contrastava notavelmente com os ensinos lisonjeiros de seus contemporâneos, que, como falsos profetas, mudavam sua mensagem, conforme seus soldos (3.5).[7]

Em quarto lugar, *o estilo do profeta*. Para muitos estudiosos, Miqueias é o favorito dos profetas menores. Seu livro é um dos mais destacados quanto ao estilo. Se você aprecia a beleza de linguagem, a poesia e a literatura, então apreciará o livro de Miqueias.[8] Embora Miqueias fosse um caboclo, foi considerado "profeta da cidade". Também era conhecido como "profeta do julgamento". Aage Bentzen é da opinião que Miqueias era um ardente crítico das grandes cidades, que, aos seus olhos, eram a desgraça da nação (1.15).[9]

Em quinto lugar, *os contemporâneos do profeta* (1.1). Miqueias profetizou no mesmo período de Amós, Oseias e Isaías. Esse foi o tempo áureo da profecia tanto em Israel quanto em Judá. Miqueias denunciou com veemência a injustiça social como Amós, mas tinha o coração amoroso de Oseias.

Houve semelhanças notáveis entre as profecias de Isaías e Miqueias. Vejamos algumas delas: 1) ambos profetizaram a iminente invasão da Assíria sobre Judá (Is 10.1-4; Mq 5.5); 2) ambos falaram do livramento de Judá, dizendo que a Assíria não prevaleceria (Is 37.33-35; Mq 5.6); 3) ambos enfatizaram a inutilidade de uma religião meramente ritual e mostraram o tipo de conduta religiosa que Iavé esperava de seu povo (Is 1.11-18; 29.13; 58.1-14; Mq 3.9-11; 6.6-8); 4) ambos profetizaram a vinda do Messias, e Isaías falou de seu nascimento virginal (Is 7.14), enquanto Miqueias falou do local do seu nascimento (Mq 5.2); 5) ambos profetizaram o livramento final de Judá, precedido por um arrependimento da nação.[10]

Alguns estudiosos chegam a afirmar que a profecia de Isaías é uma ampliação de Miqueias.[11] Enquanto Isaías era um profeta palaciano, de língua melíflua, de estirpe fidalga, com trânsito livre no paço real, em cujas veias corria o sangue azul da nobreza, Miqueias era camponês, oriundo de Moresete-Gate, uma aldeia 32 quilômetros a sudoeste de Jerusalém.[12]

Isaías, natural de Jerusalém, era um estadista, conselheiro dos reis e afeito aos assuntos nacionais e internacionais. Miqueias, longe do bulício das cidades, ouvia o grito dos oprimidos, seus contemporâneos.

George Robinson diz que enquanto Isaías tratou das questões políticas, Miqueias tratou quase exclusivamente da religião pessoal e da moralidade social.[13]

J. Sidlow Baxter fala da probabilidade de que o ministério de Isaías tenha sido para as classes mais opulentas, e o de Miqueias, para as mais humildes.[14]

Clyde Francisco destaca o fato de que, embora contemporâneos, Miqueias e Isaías nunca se referem um ao outro. Uma importante referência à vida e influência de Miqueias encontra-se em Jeremias, capítulo 26. Jeremias foi preso por pregar a destruição de Jerusalém; em sua defesa, alguns de seus amigos afirmaram que Miqueias já tinha feito as mesmas declarações, e nada lhe havia acontecido; muito ao contrário, o povo tinha se arrependido dos seus pecados, evitando, assim, a ruína da cidade. Como resultado disso, Jeremias foi também poupado.[15]

O seu tempo

Miqueias profetizou num período de declínio do Reino do Norte e de grandes tensões políticas e religiosas do Reino do Sul. Ele profetizou durante os reinados de Pecaías, Peca e Oseias, em Israel, e de Jotão, Acaz e Ezequias, em Judá (2Rs 15.23-30).

Aquele era um tempo de rápidas transformações sociais, em que ocorriam profundas alterações na estrutura econômica de Judá. Estava surgindo uma nova classe de comerciantes e proprietários de terras, que lançavam mão de expedientes legais para enriquecer à custa dos que haviam sido tirados das áreas rurais e assentados nas zonas urbanas. Tanto os líderes civis quanto os religiosos se uniram a essa classe de novos ricos para obter o que pudessem para si mesmos, informa Richard Sturz.[16]

No tempo do profeta Miqueias, portanto, a população rural migrava para Jerusalém em busca de estabilidade econômica. Essas pessoas, em vez de encontrar a estabilidade, eram exploradas por essa crescente classe de novos ricos. E, com o tempo, elas perdiam suas casas e terras.[17] Os ricos ficavam mais ricos e os pobres mais pobres.

Paralelamente a essa opressão econômica, o povo mantinha sua atividade religiosa. Miqueias, então, ergue a voz para lembrar Judá que a aliança de Deus exigia mais que meras práticas religiosas (6.8).

Sua maior obra foi realizada no reinado de Ezequias, que ficou profundamente impressionado por suas profecias (Jr 26.10-19). Sua profecia da destruição de Jerusalém foi um meio indireto de salvar a vida de Jeremias, quando este aguardava ser executado por fazer uma predição semelhante (Jr 26.10-19).[18] Para melhor compreensão, vamos destacar quatro aspectos do seu tempo.

Em primeiro lugar, *o contexto político*. Miqueias deve ter profetizado num período superior a quarenta anos. Nesse tempo, a Assíria estava se tornando a grande potência mundial. O Reino do Norte entrou em aliança com a Síria para atacar Judá, o Reino do Sul. Para proteger-se dessa invasão, o rei Acaz pediu ajuda à Assíria. Tiglate-Pileser retorna ao oeste em 734 e conquista Damasco, a capital da Síria, em 732, e conquista Samaria, capital de Israel, em 722, após três anos de cerco.

Depois que a Assíria dominou a Síria e Israel, voltou-se também contra Judá.[19] Para evitar uma conquista assíria, Judá aceita o papel de vassalo, pagando tributo à Assíria (2Rs 16.5-18). Samuel Schultz narra estes acontecimentos assim:

> O sol estava se pondo sobre a era de prosperidade e de prestígio internacional de Judá, quando Miqueias apareceu. Uzias, cujos interesses comerciais penetravam na Arábia e cujo poder militar poderia desafiar os exércitos assírios que avançavam do norte, morreu em 740 a.C. Jotão manteve o *status quo* por diversos anos mais, enquanto Peca desenvolvia uma política contra a Assíria em Samaria. Por volta de 735 a.C., o partido pró-assírio, em Jerusalém, instalara

O homem, seu tempo e sua mensagem

Acaz no trono davídico. No espaço de poucos anos, esse jovem rei havia firmado uma aliança com a Assíria, o que, em essência, reduzia-o à posição de um rei vassalo de Tiglate-Pileser III. Durante as duas décadas desse relacionamento judeu-assírio, os reinos da Síria e de Israel entraram em colapso sob as forças assírias que avançavam.[20]

A Assíria tinha iniciado a sua campanha militar a oeste, e estava subjugando e exterminando as pequenas nações vizinhas de Judá. Esta, por sua vez, ficava no caminho da marcha da Assíria, no plano de conquistar o Egito. Em 701 a.C., o poderoso exército da Assíria tinha conquistado o território de Judá e avançado até as portas de Jerusalém, porque os judeus deixaram de pagar o pesado tributo depois da morte do rei Sargão II, em 705 a.C.

Senaqueribe, sucessor de Sargão II, chegou a sitiar Jerusalém, mas seu propósito foi frustrado por intervenção sobrenatural de Deus (2Rs 18.13–19.36).[21] Uma vez que Judá não se arrependeu de seus pecados, Miqueias profetizou a destruição de Jerusalém.

Foi nesse tempo de tensões e profundas mudanças no mapa político do mundo, nesse tempo de muitas e frequentes guerras, que Miqueias foi levantado por Deus como profeta em Israel, e, sobretudo, em Judá. Miqueias chegou a testemunhar a queda de Samaria e o cerco de Jerusalém, fatos esses que ameaçavam de destruição o povo do Senhor.

Em segundo lugar, *o contexto econômico*. A primeira metade do século 8 foi um período de grande prosperidade material para Israel, sob o governo de Jeroboão II e para Judá, sob o comando de Uzias. A Assíria ficou preocupada nesse período com os seus problemas internos, enquanto Israel e Judá viveram tempos de trégua, sem brigar entre si.

A época de ouro, de prosperidade e paz já fazia parte do passado. Agora, tanto a política interna quanto a externa sobrecarregava o povo com pesados impostos. Os reis de Judá estavam em guerra com seus vizinhos Israel e Síria e também ameaçados por uma avassaladora invasão assíria. As obras de proteção da cidade de Jerusalém custaram pesados tributos ao povo.

Senaqueribe sitiou e tomou 46 cidades com suas aldeias vizinhas, no território de Judá (1.13; 2Rs 18.17; 19.8). Ezequias precisou pagar pesado tributo ao rei da Assíria (2Rs 18.13-16). Só por intervenção divina Jerusalém também não caiu nas mãos do rei da Assíria (2Rs 18.17-19,36).[22]

Nesse tempo de crise, os ricos, mancomunados com os líderes religiosos e civis, exploraram os pobres e tomaram seus campos e casas. A opressão econômica fez amargar a vida dos campesinos. A injustiça social grassava na cidade e no campo. Em tempo de crise, os corruptos sempre buscam expedientes nefastos para auferirem gordos lucros.

George Robinson faz um relato contundente acerca das questões econômicas desse período:

> Sob Jotão, reinou um luxo esplêndido. Sua ambição de construir fortalezas e palácios em Jerusalém custou a vida de muitos campesinos. Sob Acaz, Judá foi forçada a pagar tributo a Assíria. Além disso, houve pesados custos da guerra siro-efraimita, que caíram como uma carga pesada sobre todas as classes. Tanto os ricos quanto os pobres sofreram.
>
> Os fazendeiros endinheirados, egoístas e avarentos, usaram seu poder para oprimir os pobres, confiscando suas terras, casas, bens e lançando as viúvas para fora de suas casas. Nesse tempo se cometeu toda classe de crimes, e os ricos devoraram as carnes dos pobres.
>
> Sob Ezequias, que procurou reformar o Estado, as condições se fizeram ainda mais desesperadoras. Os homens deixaram de confiar um no

outro. Jerusalém se encheu de facções e intrigas. Os conselheiros do rei se dividiram na política, alguns defendendo uma aliança com o Egito contra a Assíria, outros por submissão à Assíria.

Os príncipes abusaram de seu poder. Os nobres roubavam os pobres. Os juízes aceitavam suborno. Os profetas aduları os ricos, e os sacerdotes ensinavam por soldo. A cobiça da riqueza dominava por todos os lados. Os tiranos opulentos escarneciam da possibilidade de serem apanhados. O materialismo suplantou quase o último vestígio do ético e do espiritual.[23]

Em terceiro lugar, *o contexto moral.* A corrupção política e econômica, acobertada pelos juízes, sacerdotes e profetas fez das cidades redutos de desavergonhados pecados. Os valores morais foram tripudiados. A virtude escarnecida. Os pobres não tinham vez nem voz. Os ricos, embriagados pela ganância, assaltavam os pobres indefesos sem qualquer possibilidade de resistência. Os tribunais foram comprados por suborno. Os profetas calaram sua voz por conveniência. Os sacerdotes venderam sua consciência por dinheiro e prostituíram seu ministério. O descalabro moral atingiu toda a sociedade.

Walter Kaiser Jr. faz um diagnóstico dessa sombria realidade, nestes termos:

> Miqueias clamou contra o pecado de Israel e de Jacó. Os pecados deles passaram por toda a gama de maldades, inclusive a idolatria (1.7a), a prostituição (1.7b), gula e cobiça (2.1,2), perversão da verdadeira doutrina e religião (2.6-9; 6.2-7), falsos profetas (3.5,6), ocultismo (3.7) e presunção (3.9-11).
>
> Repetidas vezes tinham violado os Dez Mandamentos: a assim chamada segunda tábua (6.10-12) e a primeira tábua (6.13-15).[24]

Em quarto lugar, *o contexto religioso*. A situação religiosa do Reino do Norte, marcada pela idolatria, foi de mal a pior até que o cálice da ira de Deus se encheu, e a Assíria cercou, invadiu e tomou a cidade de Samaria. Esse reino perdeu sua autonomia política e jamais foi restaurado.

O Reino do Sul, numa alternância entre altos e baixos, não conseguiu realizar uma reforma espiritual profunda, mesmo no tempo áureo do rei Ezequias. O povo era religioso, ia ao templo e fazia suas ofertas, mas sua vida estava separada da fé.

Havia um abismo entre o que eles professavam e o que eles faziam. Havia um profundo conflito entre a teologia e a ética. Essa inconsistência perturbou Miqueias e uma única declaração engloba a ênfase de Amós na justiça (Am 5.24), a preocupação de Oseias por misericórdia (Os 6.6) e a súplica de Isaías por um andar humilde com Deus (Is 2.11; 6.1-8). Nas suas palavras:

> Ele te declarou, ó homem, o que é bom; e que é o que o Senhor pede de ti, senão que pratiques a justiça, e ames a misericórdia, e andes humildemente com o teu Deus (6.8).

Assim, Miqueias ensinou que a verdadeira religião leva a pessoa a uma comunhão íntima com o Senhor, e que, dessa comunhão, emana conduta íntegra para com os membros da raça humana.[25]

Concordo com Russell Norman Champlin quando disse que, para Miqueias, a fé em Iavé deve resultar em justiça social e santidade pessoal.[26]

Nos dias de Miqueias, Jerusalém estava eivada de falsos profetas e falsos sacerdotes. Richard Sturz destaca que a decadência espiritual de Judá deveu-se a quatro grupos:[27]

Os reis. Judá era uma monarquia absolutista. O Estado não era laico. A adoração ficava sob a autoridade do rei, ainda que os sacerdotes fossem os responsáveis pelas práticas cerimoniais. O rei Acaz introduziu um altar pagão no templo de Jerusalém, mudando radicalmente o padrão de adoração (2Rs17.7-18).

Os príncipes. Abaixo do rei, o país era administrado por príncipes, autoridades hereditárias das tribos e dos clãs. Miqueias chama esses príncipes de "cabeças" e "chefes" (3.1). Esses líderes estão dominados pela ganância e pela avareza.

Os sacerdotes. Os sacerdotes estavam usando indevidamente a responsabilidade de ensinar o povo (3.11). Oseias, contemporâneo de Miqueias, diz que o povo estava sendo destruído porque os sacerdotes não lhe ensinavam a lei (Os 4.6-9). A falta de pessoas instruídas era um mal infligido a Judá (2.5).

Os profetas. Enquanto os cargos de príncipes e de sacerdotes eram hereditários, o de profeta dependia de um "chamado" de Deus. Miqueias acusa os profetas de sua época de moldar a mensagem aos desejos de seus mantenedores (2.11; 3.5). Haviam-se tornado adivinhadores em troca do pão de cada dia (3.11). Miqueias não era do mesmo estofo desses profetas da conveniência.

A sua mensagem

A mensagem de Miqueias concentra-se nos temas da injustiça social, verdadeira adoração e falsa segurança.[28] J. Sidlow Baxter diz que o livro de Miqueias consiste em três discursos, cada um iniciado pela palavra: "ouvi" (1.2; 3.1; 6.1). Essa é uma divisão de acordo com a forma literária, não com o assunto, ficando assim: 1) declaração de juízo iminente (1–3); 2) promessa de bênção final (4–5); 3) pedido de arrependimento presente (6–7).

George Robinson, por sua vez, entende que a melhor análise da profecia de Miqueias deveria ser assim: 1) juízo (1–3); 2) consolo (4–5); 3) caminho da salvação (6–7).[29]

J. Vernon McGee, usando o significado do próprio nome do profeta, "Quem é como o Senhor?", oferece um sugestivo esboço do livro: 1) proclamando futuro julgamento por pecados passados (1–3); 2) profetizando a futura glória por causa de promessas passadas (4–5); 3) rogando presente arrependimento por causa da redenção passada (6); 4) perdoando toda iniquidade por causa de quem Deus é e do que Deus faz (7).[30]

O pensamento central é este: juízo presente, mas bênção futura. O juízo presente é provocado pela infidelidade de Israel à aliança. A bênção futura deve-se à fidelidade imutável do Senhor para com ela.[31] Concordo com Isaltino Filho quando diz que o tema de Miqueias é: "Iavé é juiz justo e perdoador benigno. Ele não é uma divindade restrita a um prédio, que chamamos templo, e a um momento, que chamamos de culto. É o Deus de todas as áreas da vida".[32]

O profeta Miqueias pregou três grandes mensagens:

Em primeiro lugar, *uma mensagem ameaçadora de juízo*. Charles Feinberg corretamente afirma que se a mensagem de Jonas é o amor de Deus a todas as nações, a de Miqueias é o juízo contra Samaria e Jerusalém. As profecias desse livro destinam-se especialmente às capitais que, como centros urbanos, influenciam toda a nação.[33]

Miqueias ergueu sua voz contra os pecados da cidade de Jerusalém e Samaria, anunciando o julgamento iminente por causa da violência, da injustiça social e de uma religiosidade fingida.[34] Ele denunciou com veemência a opressão dos pobres pelos ricos. Ele desmascarou os profetas da conveniência e mostrou a desfaçatez dos sacerdotes que se vendiam por dinheiro. Ele pôs o dedo na ferida e diagnosticou os males crônicos que adoeciam a nação.

Miqueias de forma contundente mostrou que o pecado atrai o juízo de Deus e os pecadores não ficarão impunes. Jack Miles chegou a dizer que em Miqueias Iavé é revelado mais como "um juiz internacional do que como um monarca".[35]

Isaltino Filho diagnostica os males que atraíram o justo juízo de Deus:

> O livro de Miqueias é o evangelho da justiça social. Ele denuncia a opressão do fraco, o suborno entre os líderes, a expulsão de mulheres dos seus lares, a prática de toda espécie de roubo, grande parte dele em nome da religião (2.1,2,9; 3.2,9-11; 6.7,8,11,12; 7.2-6). Miqueias condena principalmente as classes superiores por sangrarem os pobres e indefesos (3.1-3). Tirar proveito dos pobres significa incorrer na ira do Todo-poderoso (6.11-16).[36]

Em segundo lugar, *uma mensagem de apelo ao arrependimento*. Miqueias não apenas fez o doloroso diagnóstico, ele também ofereceu o remédio. Ele não apenas denunciou o pecado, mas também chamou o povo ao arrependimento. A saída para a nação não era fazer vista grossa ao pecado nem buscar alianças políticas para se proteger, mas se voltar para Deus em sincero arrependimento. O verdadeiro problema da igreja não é a presença ou ameaça do inimigo, mas a ausência e o distanciamento de Deus.

O profeta Miqueias chama o povo ao arrependimento, mostrando-lhe que os desajustes sociais, a opressão política e a decadência moral eram resultado de uma religião errada. A nação está socialmente desarrumada porque sua relação com Deus está errada. Os males que assolam a sociedade são consequência do afastamento de Deus.

Isaltino Filho está correto quando ressalta que Miqueias não é um economista nem um sociólogo, mas um profeta, um pregador da Palavra de Deus. Ele analisa a vida do seu povo pela revelação divina.[37] A decadência da religião não era tanto uma questão litúrgica, mas um abandono da ética social.

Em terceiro lugar, *uma mensagem de promessa de restauração*. Miqueias não apenas deu o diagnóstico e o remédio, mas também prometeu a cura eficaz. Denunciar o pecado sem chamar o povo ao arrependimento produz desespero e não esperança. Onde há arrependimento há também restauração. Miqueias não é um profeta pessimista como pensam alguns estudiosos. Ele sempre oferece uma porta de saída, ele sempre anuncia o escape da graça. A misericórdia de Deus prevalece sobre sua ira. A graça de Deus é maior do que nosso pecado.

James Wolfendale diz que na mensagem de Miqueias Deus tempera julgamento com misericórdia. Ele disciplina Sião, mas o Redentor vem para Sião como um homem de Belém da Judeia, e como o Poderoso Conquistador que subjugará seus inimigos e, então, Jerusalém será a igreja-mãe da cristandade. O templo será destruído, mas um edifício mais nobre será erguido em suas ruínas. A lei se cumprirá no evangelho.[38]

As suas ênfases

O profeta Miqueias é uma fonte de onde jorra muitas verdades importantes. Queremos destacar algumas aqui.

Em primeiro lugar, *as cidades são redutos de pecado e opressão*. Miqueias era um homem do campo, procedente de uma pequena vila. Longe de ficar acanhado nos grandes centros urbanos de Samaria e Jerusalém, fez um diagnóstico preciso da maldade dessas cidades e ergueu a voz para denunciar o fato (1.5; 5.11; 6.9). As cidades, como centros nevrálgicos do poder político, econômico, judiciário e religioso estavam entregues à violência e à corrupção.

Em segundo lugar, *quando os maus governam, o povo geme*. Miqueias denuncia os reis, os juízes, os profetas e os sacerdotes. A liderança civil e religiosa estava levedada pelo fermento da corrupção. O direito do justo era negado. A justiça era desvirtuada. O pobre era oprimido enquanto os ricos se refestelavam na sua ensandecida cobiça.

Gerard Van Groningen pontua o ministério confrontador de Miqueias à liderança religiosa e política de sua nação. Em primeiro lugar, ele confrontou os sacerdotes (3.11). Embora esses recebessem o sustento das ofertas do povo (3.3), eram gananciosos e injustos. Eles se juntavam aos outros líderes, em vez de protestar contra os seus pecados. Em segundo lugar, Miqueias também advertiu os profetas (2.6). Esses pseudoprofetas falavam de acordo com os desejos do povo, prometendo-lhe prosperidade (2.11). Eles desviavam o povo, proclamando paz àqueles que pagavam para ouvir a sua mensagem (3.5). Eles recebiam dinheiro para abrir as cortinas do futuro, dando falsas esperanças ao povo (3.11). Em terceiro lugar, Miqueias confrontou os reis.

O profeta camponês advertiu que desastre e desgraça viriam sobre os reis (1.14-16). Ele denunciou os líderes de Jacó por devorarem aqueles a quem deveriam pastorear (3.1-4). Ele acusa os reis de serem injustos e maus (3.9-11).[39]

Em terceiro lugar, *o pecado sempre atrai o juízo divino*. A opressão e a injustiça social não ficarão impunes. Aquilo que os ricos tomam com violência dos pobres servirá de combustível para a própria destruição. Deus não inocentará o culpado.

Samaria foi cercada, saqueada e levada cativa. Os ricos perderam suas terras, as casas, os bens e foram arrastados cativos para uma terra estranha. Jerusalém não aprendeu a lição, e Deus, também, entregou-a mais tarde nas mãos do rei da Babilônia.

Em quarto lugar, *a decadência moral é a antessala do desastre político*. Israel e Judá caíram nas mãos dos inimigos, porque antes já tinham caído na prática do pecado. O pecado é o opróbrio das nações. O Império Romano só caiu nas mãos dos bárbaros porque já estava podre por dentro. As grandes nações da atualidade, que já foram vanguardas dos valores morais, estão pavimentando o caminho da sua decadência ao capitularem a toda sorte de devassidão moral. Se não aprendermos com as lições da História, repetiremos os mesmos erros e sofreremos as mesmas trágicas consequências.

Em quinto lugar, *a soberania de Deus abrange não apenas o seu povo, mas todas as nações*. A primeira ênfase teológica de Miqueias é a soberania de Deus (1.2). Para Miqueias, o Senhor efetua seu propósito soberano nas nações assim como faz na vida do seu povo. Seu governo é sobre todo o universo. Ele controla e dirige todas as nações.[40] Ele está assentado sobre um alto e sublime trono e ninguém escapa de seu onisciente escrutínio nem do seu governo absoluto e soberano.

Em sexto lugar, *a misericórdia de Deus é mais profunda do que o abismo mais profundo do pecado*. A mensagem de Miqueias não fecha as cortinas da esperança. Ele mostra o caminho de Deus para os que andam errantes (6.8). Ele

O homem, seu tempo e sua mensagem

anuncia a graça e faz tremular o estandarte da misericórdia divina para os pecadores (7.18-20). Onde o pecado abundou, superabundou a graça!

Em sétimo lugar, *o Deus do pacto é fiel à sua aliança.* Miqueias coloca no velador a candeia da gloriosa doutrina do pacto. O povo de Judá é disciplinado e não destruído. O povo de Deus recebe perdão e não condenação. E isso porque Deus é fiel à sua aliança feita a Abraão, Moisés e Davi. Ainda que sejamos infiéis, Deus permanece fiel, porque não pode negar a si mesmo. Deus é imutavelmente fiel aos compromissos do pacto. Ele é consistente com sua natureza e é da sua natureza ter prazer na misericórdia e ser rico em perdoar (7.18-20).

Em oitavo lugar, *o futuro não é uma corrida rumo ao desconhecido, mas uma agenda traçada por Deus.*

Deus escreve a História antes de ela acontecer. A História não é cíclica nem está sem rumo. Ela segue rigorosamente a agenda traçada por Deus. Ele conhece o amanhã desde agora. Nada escapa ao seu controle. Digno de observar é o fato de que nenhum profeta do Antigo Testamento teve maior capacidade para ver o futuro do que Miqueias. Entre as suas predições, encontram-se a queda de Samaria em 722 a.C. e a destruição de Jerusalém, ocorrida em 586 a.C. Também em suas predições estão o cativeiro babilônico de Judá e seu retorno. Foi esse profeta camponês que previu o nascimento do Messias na pequena cidade de Belém.[41]

Notas do capítulo 1

[1] GRANT, George. *The Micah mandate*. Moody Press. Chicago, IL, 1995, p. 15.

[2] COELHO FILHO, Isaltino Gomes. *Os profetas menores II,* 2002, JUERP. Rio de Janeiro, RJ, 2002: p. 17.

[3] ROBINSON, George L.. *Los doce profetas menores*. Casa Bautista de Publicaciones. El Paso, TX, 1984, p. 79.

[4] COELHO FILHO, Isaltino Gomes. *Os profetas menores II,* p. 12.

[5] Feinberg, Charles L.. *Os profetas menores,* p. 153.

[6] CRABTREE, A. R. *Profetas menores*. JUERP. Rio de Janeiro, RJ, 1971, p. 119.

[7] ROBINSON, George L. *Los doce profetas menores,* p. 79,80.

[8] McGEE, J. Vernon. *Jonah and Micah.* Thomas Nelson Publishers. Nashville, TN, 1991, p. 81.

[9] BENTZEN, Aage. *Introdução ao Antigo Testamento.* Vol. 2. ASTE. São Paulo, SP, 1968, p. 165.

[10] COELHO FILHO, Isaltino Gomes. *Os profetas menores II,* p. 23.

[11] PEARLMAN, Myer. *Através da Bíblia.* Editora Vida. Miami, Fl, 1987, p. 161.

[12] PAPE, Dionísio. *Justiça e esperança para hoje.* ABU. São Paulo, SP, 1983, p. 65.

[13] ROBINSON, George L.. *Los doce profetas menores,* p. 81.

[14] BAXTER, J. Sidlow. *Examinai as Escrituras: Ezequiel a Malaquias.* Editora Vida Nova. São Paulo, SP, 1995, p. 213.

[15] FRANCISCO, Clyde. *Introdução do Velho Testamento.* JUERP. Rio de Janeiro, RJ, 1979, p. 136.

[16] STURZ, Richard J. *Miqueias* em *Obadias, Jonas, Miqueias, Naum, Habacuque e Sofonias.* Editora Vida Nova. São Paulo, SP, 2006, p. 153.

[17] STURZ, Richard J.. *Miqueias* in *Obadias, Jonas, Miqueias, Naum, Habacuque e Sofonias,* 2006, p. 155,156.

[18] PEARLMAN, Myer. *Através da Bíblia,* p. 161.

[19] STURZ, Richard J. *Miqueias* in *Obadias, Jonas, Miqueias, Naum, Habacuque e Sofonias,* p. 163.

[20] SCHULTZ, Samuel J. *A história de Israel no Antigo Testamento.* Editora Vida Nova. São Paulo, SP, 1977, p. 377.

[21] CRABTREE, A. R. *Profetas menores,* p. 122.

[22] MAILLOT, A. e LELIÈVRE, A. *Atualidade de Miqueias.* Edições Paulinas. São Paulo, SP, 1980, p. 17,18.

[23] ROBINSON, George L. *Los doce profetas menores,* p. 80.

[24] KAISER JR., Walter C. *Teologia do Antigo Testamento.* Editora Vida Nova. São Paulo, SP, 1980, p. 208.

[25] PEISKER, Armor D. *O livro de Miqueias* in *Comentário bíblico Beacon.* Vol. 5. CPAD. Rio de Janeiro, RJ, 2005, p. 167.

[26] CHAMPLIN, Russell Norman. *O Antigo Testamento interpretado versículo por versículo.* Vol. 5. Editora Hagnos. São Paulo, SP, 2003, p. 3570.

[27] STURZ, Richard J. *Miqueias* em *Obadias, Jonas, Miqueias, Naum, Habacuque e Sofonias,* p. 165,166.

[28] ARNOLD, Bill T. e BEYER, Bryan E. *Descobrindo o Antigo Testamento.* Editora Cultura Cristã. São Paulo, SP, 2001, p. 455.

[29] ROBINSON, George L. *Los doce profetas menores,* p. 81.

[30] McGEE, J. Vernon. *Jonah and Micah,* p. 84.

[31] BAXTER, J. Sidlow. *Examinai as Escrituras: Ezequiel a Malaquias,* p. 214,215.

[32] COELHO FILHO, Isaltino Gomes. *Os profetas menores II,* p. 20,21.

[33] FEINBERG, Charles L. *Os profetas menores,* p. 154.

[34] COELHO FILHO, Isaltino Gomes. *Os profetas menores II,* p. 21.

[35] MILES, Jack. *Deus, uma biografia.* Companhia das Letras. São Paulo, SP, 1997, p. 239.

[36] COELHO FILHO, Isaltino Gomes. *Os profetas menores II,* p. 22.

[37] COELHO FILHO, Isaltino Gomes. *Os profetas menores II,* p. 25.

[38] WOLFENDALE, James. *The preacher's complete homiletic commentary.* Vol. 20. Baker Books. Grand Rapids, MI, 1996, p. 396.

[39] VAN GRONINGEN, Gerard . *Revelação messiânica no Velho Testamento.* LPC. Campinas, SP, 1995, p. 455-458.

[40] McCOMISKEY, Thomas E. *Micah in Zondervan NIV Bible Commentary.* Vol. I. Zondervan Publishing House. Grand Rapids, MI, 1994, p. 1467.

[41] FRANCISCO, Clyde. *Introdução ao Velho Testamento,* p. 136.

Capítulo 2

O julgamento do povo de Deus
(Mq 1.1-16)

Como vimos no capítulo anterior, Miqueias profetizou tanto para o Reino do Norte quanto para o Reino do Sul, na última parte do século 8 a.C. Foi contemporâneo de Amós, Oseias e Isaías. Embora homem do interior, direcionou sua trombeta para as duas capitais, Samaria e Jerusalém, como redutos nevrálgicos do pecado.

A mensagem de Miqueias anuncia o juízo e promete o perdão. Demonstra que o pecado resulta em condenação, mas o arrependimento traz em suas asas a misericórdia. Vamos, agora, considerar o capítulo 1, em que o profeta é apresentado e passa imediatamente a falar da cena do julgamento.

A apresentação do profeta (1.1)

Na apresentação do profeta veremos: quem fala, onde fala, quando fala, a quem fala e da parte de quem ele fala.[42] Destacamos cinco verdades preciosas acerca do profeta:

Em primeiro lugar, *o nome do mensageiro.* Miqueias significa: "Quem é como Iavé?" Seu nome já se constituía numa mensagem de censura e reprovação ao povo da aliança que abandonara a Deus para se curvar diante dos deuses das nações pagãs. Alguns estudiosos defendem a posição de que Miqueias foi parcialmente responsável pelo reavivamento que aconteceu no reinado de Ezequias (2Cr 29.3–31.21).[43]

Em segundo lugar, *a origem da sua mensagem.* "Palavra do Senhor [...] que veio a Miqueias." Miqueias não é a fonte da mensagem; Deus o é. A mensagem entregue à nação não provém de Miqueias, mas de Deus. O profeta é apenas o instrumento, o canal, o mensageiro. A voz é humana, mas a Palavra é divina. A Palavra de Deus não é apenas uma autossugestão no espírito do profeta, mas o poder dinâmico que ele recebeu e deve proclamar.[44]

João Calvino entende que essa expressão: "A Palavra do Senhor veio a Miqueias" significa que a mensagem do profeta não era um ensino privado e individual. A palavra veio a ele a fim de que ele fosse embaixador da parte de Deus a nós.[45] Vale ressaltar que nesse tempo a liderança espiritual de Judá estava entregue à apostasia e à corrupção. Miqueias faz a seguinte denúncia:

> Os seus cabeças dão as sentenças por suborno, os seus sacerdotes ensinam por interesse, e os seus profetas adivinham por dinheiro; e ainda se encostam ao Senhor, dizendo: Não está o Senhor no meio de nós? Nenhum mal nos sobrevirá (3.11).

O julgamento do povo de Deus

Miqueias coloca a limpo o fato de que o povo tinha falsos profetas, falsa religião e falsos líderes.[46]

Em terceiro lugar, *a forma da sua mensagem*. "Palavra do Senhor que em visão veio a Miqueias." Deus falou e o profeta captou visualmente a mensagem. A Palavra do Senhor é o conteúdo; a visão a forma.[47]

Miqueias não foi um ativista político nem um agitador social. Miqueias não foi um caboclo desajustado que vociferou contra as grandes cidades por não conseguir se inserir nelas. Ele foi um profeta de Deus que falou ao povo o que recebeu de Deus. Ele não apenas recebeu a sua mensagem de Deus, mas também a viu. A mensagem divina passou não apenas pelos seus ouvidos, mas, também, pelos seus olhos.

Matthew Henry diz que Miqueias recebeu a divina revelação e viu as coisas que estavam pela frente, como se elas já tivessem acontecido.[48] A visão que veio a Miqueias não foi uma experiência mística, subjetiva, mas uma revelação do próprio Deus. É importante deixar claro que nesse tempo a Palavra de Deus estava sendo escrita. Hoje, temos a Bíblia completa. Hoje não recebemos novas revelações de Deus. Ele nos fala por meio da sua Palavra.

Em quarto lugar, *o tempo da sua mensagem*. "[...] nos dias de Jotão, Acaz e Ezequias, reis de Judá." Miqueias exerceu seu ministério profético durante um longo período e contemplou as cenas mais desesperadoras no cenário político, econômico, moral e espiritual de sua nação. Ele viu a queda de Samaria em 722 a.C., pela Assíria. Ele presenciou o exército assírio marchando irresistivelmente e tomando as cidades fortificadas de Judá. Ele viu a cidade de Jerusalém sendo cercada pelo insolente rei Senaqueribe. Ele viveu num tempo de galopante afastamento de Deus e inevitável juízo divino.

Em quinto lugar, *o alvo da sua mensagem*. "[...] sobre Samaria e Jerusalém." Miqueias viu nas duas capitais do Reino do Norte e do Sul, respectivamente, os centros nevrálgicos da rebelião contra Deus e da opressão contra o povo. A partir dessas duas grandes cidades a idolatria e a maldade se espalharam para toda a nação. Embora Miqueias fosse um caboclo, Deus o levantou para denunciar o pecado dos grandes centros urbanos. Mesmo sendo um homem rural, Miqueias foi o profeta da cidade.

O juiz instaura o tribunal (1.2-4)

Cinco verdades solenes são aqui descritas na instauração do tribunal do julgamento.

Em primeiro lugar, *o Juiz convoca todas as nações* (1.2). "Ouvi, todos os povos, prestai atenção, ó terra e tudo o que ela contém." A expressão: "ouvi" tem um sentido muito maior do que "prestai atenção". Abarca a ideia tanto de "escutar com atenção" quanto de "obedecer".[49]

O Juiz é o próprio Deus soberano, *Adonai-Iavé*, Criador e sustentador do universo. Ele exige atenção e obediência de todos, em todos os lugares, pois não é uma divindade tribal, mas o Deus que está assentado num alto e sublime trono e governa sobre todas as nações.

Miqueias dirige-se a todas as pessoas da terra, pois Deus é o Senhor de toda a terra (Mq 4.2,3), e todas as nações devem prestar contas a ele.[50] Onde Deus tem uma boca para falar, temos de ter ouvidos para ouvir.[51]

Em segundo lugar, *o Juiz testemunha contra todos* (1.2). "[...] e seja o Senhor Deus testemunha contra vós outros." Deus se apresenta como juiz e também como testemunha de acusação. O governo de Deus estende-se a toda a terra. Todos os povos precisam comparecer perante ele para prestarem contas. Ele exige que todos em todos os lugares se arrependam. Todos são indesculpáveis perante ele. Aqueles que pecaram sem lei, também sem lei perecerão; e todos os que com lei pecaram, mediante lei serão julgados (Rm 2.12).

Em terceiro lugar, *o Juiz é soberano sobre todos* (1.2). "[...] o Senhor desde o seu santo templo." A corte desse Juiz está no céu. Seu trono governa e julga todos os tronos da terra. Todas as nações da terra estão debaixo do seu soberano comando.

Russell Norman Champlin diz que o Senhor sairá do seu templo celeste, de sua augusta habitação. Ele será tanto o juiz quanto a principal testemunha. Ele descerá a terra para iniciar seu exame das evidências, a fim de então pronunciar a sentença.[52]

Em quarto lugar, *o Juiz investiga a todos* (1.3). "Porque eis que o Senhor sai do seu lugar, e desce, e anda sobre os altos da terra." O juiz é o Deus transcendente e também imanente. Ele não apenas está no céu, mas, também, desce para andar sobre os altos da terra. Ele sonda os filhos dos homens. Ele diagnostica seus pecados. É importante ressaltar que Deus sai do templo, desce dos céus, não para abandoná-lo, mas para agir fora. O Deus do templo, da liturgia, é também o Deus de fora do templo e do cotidiano. O Deus do templo é também o Deus da criação.[53]

Warren Wiersbe diz que a expressão: "eis que o Senhor sai do seu lugar" significa sair para a batalha. Deus abre a sessão do julgamento e declara guerra.[54]

O termo: "altos da terra" tem vários significados. Além de seu significado básico, representava os lugares de cultos pagãos (Jr 7.31; Ez 20.29), o lugar de segurança e proteção (Dt 32.13; Hc 3.19) e o lugar de estratégia militar (Dt 33.29; Ez 36.2).[55]

Calvino entende que "os altos da terra" aqui falam não dos lugares supersticiosos, mas das cidades fortificadas, e metaforicamente, façam alusão aos líderes que se julgavam poderosos e invulneráveis.[56] Concordo, entretanto, com Warren Wiersbe, quando diz que os altos da terra eram os lugares nos montes e colinas onde se erigiam altares para sacrifício aos ídolos.[57] Esses altos eram o palco dos cultos idólatras e de aviltante prostituição.

Isaltino Filho diz que "os lugares altos" eram tradicionalmente os locais de culto às divindades ligadas à fertilidade da terra, onde a prostituição era o rito central. Essa prática execrável trazia o desfibramento moral da nação, incentivava o sexo sem compromisso e sem amor, e enchia as cidades de crianças indesejadas, produto dessas ligações sexuais. A imoralidade se tornava legítima pela via religiosa. Cultos pervertidos produzem condutas pervertidas.[58]

Miqueias levanta, então, sua voz para dizer que nada passa despercebido aos olhos de Deus. Ele a tudo vê e a todos sonda. Quando o profeta diz que Deus andará sobre os altos da terra, usa o mesmo verbo empregado para "pisar" uvas, isto é, espremê-las com os pés, e representa o total esmagamento da desobediência idólatra.[59]

Em quinto lugar, *o Juiz aterra a todos* (1.4). "Os montes debaixo dele se derretem, e os vales se fendem; são como a cera diante do fogo, como as águas que se precipitam num abismo." Numa linguagem poética e dramática, Miqueias descreve a aparição do juiz para a cena do julgamento. Sua manifestação é majestosa e também aterradora. Diante dele os montes se derretem como cera diante do fogo. Tudo o que anteriormente parecia sólido e permanente assume, de repente, o aspecto de cera derretida. Os vales se fendem como as águas que se precipitam num abismo.

O julgamento do povo de Deus

Sua presença é irresistível, sua sentença irreversível e sua majestade incomparável.

O juiz formaliza a acusação ao réu (1.5)

A majestosa e aterradora aparição do soberano juiz é devido à transgressão das duas capitais, Samaria e Jerusalém. Em vez de liderar o povo na adoração e obediência ao Deus vivo, essas cidades lideraram o povo para os descaminhos da idolatria, da devassidão e da opressão social. A cidade é muitas vezes o lugar geométrico da injustiça, o lugar onde a exploração do homem é mais violenta, onde se verificam as maiores diferenças de nível social.[60]

Chamamos a atenção para dois pontos.

Em primeiro lugar, *a acusação contra Samaria* (1.5). "Tudo isto por causa da transgressão de Jacó [...]. Qual é a transgressão de Jacó? Não é Samaria?"

A cidade de Samaria, fundada por Onri, tornou-se a capital das dez tribos cismáticas, que seguiram a liderança de Jeroboão I, formando o Reino do Norte. Nessa cidade foi instalado um bezerro de ouro, e o povo foi incentivado a adorar esse bezerro, deixando, assim, de ir a Jerusalém para adorar a Deus (1Rs 12.25-33).

O Reino do Norte, desde sua formação em 931 a.C., até sua queda em 722 a.C., teve dezenove reis, em oito dinastias diferentes, e nenhum desses reis andou com Deus. Samaria tornou-se um centro de idolatria. A religião ali se tornou sincrética e prostituída. A impiedade de Samaria desembocou na sua perversão. Deus enviou profetas para denunciar o pecado do povo e chamá-lo ao arrependimento, mas o povo não quis ouvir.

A idolatria, a imoralidade e a injustiça social foram uma tríade pecaminosa que atraiu a justa ira de Deus. O cálice da ira de Deus foi se enchendo até que os pecados do povo atraíram inevitavelmente o juízo divino.

Em segundo lugar, *a acusação contra Jerusalém* (1.5). "Tudo isto por causa [...] dos pecados da casa de Israel [...]. E quais os altos de Judá? Não é Jerusalém?"

Em Jerusalém ficava o templo do Senhor. Em Jerusalém, o culto a Deus era realizado conforme as prescrições divinas. Todavia, não tardou para que a idolatria de Samaria e a sedução dos deuses de outros povos também penetrassem pelas portas da cidade da paz. No reinado de Acaz, ídolos abomináveis foram introduzidos dentro do templo do Senhor. A porta da casa de Deus foi fechada.

A impiedade tomou conta da cidade. Com a apostasia veio, também, a opressão do inimigo. Com o abandono da lei de Deus, os ricos passaram a explorar os pobres. Os juízes se corromperam para dar sentenças injustas. Os profetas e sacerdotes abandonaram o ensino fiel da Palavra de Deus, e a nação afundou num pântano nauseabundo de apostasia, corrupção e maldade. O povo de Judá ia ao templo, mas também fazia sacrifícios nos altos, redutos de idolatria e imoralidade.

O povo havia caído na rede mortal do sincretismo religioso. Deus mesmo estabeleceu preceitos para regulamentar o culto. O culto verdadeiro deve ser feito segundo as prescrições divinas, e não segundo o enganoso coração humano. O culto é bíblico ou é anátema. A igreja contemporânea está introduzindo muitas práticas estranhas no culto. Essas práticas, oriundas do misticismo pagão, embora agradem o povo, são rejeitadas por Deus.

O juiz sentencia o réu (1.6,7)

Miqueias descreve o veredicto divino contra Samaria. Destacamos três fatos solenes sobre essa sentença.

Em primeiro lugar, *a cidade será totalmente destruída* (1.6).

> Por isso, farei de Samaria um montão de pedras do campo, uma terra de plantar vinhas; farei rebolar as suas pedras para o vale e descobrirei os seus fundamentos.

O agente da destruição da cidade é Deus, o instrumento, a Assíria. Samaria não caiu porque os deuses assírios eram mais fortes do que os deuses adorados em Israel, mas porque o Senhor Deus exerceu seu juízo sobre o povo da aliança. A cidade de Samaria não caiu porque o exército assírio era irresistível; ela caiu porque Deus a entregou. Sua queda foi uma ação divina, mais do que uma simples invasão militar.

A cidade de gloriosa formosura (Is 28.1), a Samaria esplêndida e rica foi transformada num monte de entulho e destruída até aos fundamentos, e seus ídolos não puderam protegê-la.

A. R. Crabtree destaca o fato de que Samaria ficava no cume de um monte, bem fortificada, e o poderoso exército da Assíria levou três anos para conquistá-la (2Rs 17.5; 18.10). A cidade foi completamente destruída, e nunca mais foi reconstruída.[61] Não há nada mais destrutivo do que o pecado. Um indivíduo, uma família, uma igreja, uma cidade, uma nação não pode permanecer em pé e, ao mesmo tempo, viver em pecado.

Em segundo lugar, *os ídolos da cidade serão despedaçados* (1.7). "Todas as suas imagens de escultura serão despedaçadas." Os ídolos que o povo adorava e em quem o povo confiava não apenas não puderam livrá-lo como não puderam livrar a si mesmos. Com isso, Deus estava demonstrando a loucura da idolatria e a sandice de confiar nos ídolos. Os ídolos precisavam ser carregados. Eles eram fardos. Eles não podiam socorrer, precisavam ser socorridos.

Em terceiro lugar, *a prostituição será condenada* (1.7). "[...] e todos os salários de sua impureza serão queimados, e de todos os seus ídolos eu farei uma ruína, porque do preço da prostituição os ajuntou, e a este preço volverão."

Dionísio Pape diz que a grande ofensa religiosa de Israel foi a famosa estátua de um boi dourado em Samaria. O profeta denunciou a festa do boi, e a prostituição que a acompanhava.[62]

O culto idólatra está diretamente ligado à sensualidade. Esses ídolos eram servidos por meio da prostituição. Toda aquela aberração sexual nos altos era feita em nome da religião. A prática aviltante do sexo era a liturgia desses cultos pagãos. Quanto mais as prostitutas cultuais recebiam o pagamento pelos seus serviços, tanto mais esses ídolos se multiplicavam.

Era do salário da prostituição que se faziam mais ídolos. Agora, na queda de Samaria, esse "preço" será levado e consagrado ainda a outros deuses.[63]

O Senhor porá fim a tudo isso: os soldados assírios serão encarregados do trabalho; eles abaterão a golpes de martelo as estátuas de ouro e prata e, com o que recolherem pagarão as meretrizes. O dinheiro da prostituição voltará às prostitutas.[64]

Charles Feinberg esclarece que esses salários seriam de novo usados pelos pagãos em seus cultos aos ídolos. Terríveis são, deveras, os salários do pecado, e Samaria deveria receber sua parte em toda a medida.[65]

O juízo de Deus condenará tanto a idolatria quanto a imoralidade. Esse concubinato espúrio entre idolatria e imoralidade é uma constante na história do homem (Rm 1.18-32).

O julgamento do povo de Deus

Concordo com J. Vernon McGee quando diz que a chamada "nova moralidade" é tão antiga quanto esses cultos pagãos da antiguidade.[66]

O profeta lamenta e choro ao ouvir a sentença do réu (1.8,9)

Miqueias não era um pregador insensível. Ele tinha palavras duras e um coração quebrantado. Ele pregava com veemência e também com os olhos molhados de lágrimas. Seu lamento expressa tanto a sua tristeza quanto o amor de Deus.

Richard Sturz está correto quando diz que Deus não encontra satisfação alguma na destruição dos perversos (Ez 18.23,32; 33.11), muito menos na destruição do povo com quem fez aliança. Mesmo assim, a justiça deve resultar em julgamento.[67]

Dois fatos merecem destaque.

Em primeiro lugar, *a natureza do seu lamento* (1.8). "Por isso, lamento e uivo; ando despojado e nu; faço lamentações como de chacais e pranto como de avestruzes."

Miqueias não se alegra ao ver que sua profecia de juízo está se cumprindo. Ele prega para evitar o juízo, e não para trazer o juízo. Ele lamenta e chora ao ver que a falta de arrependimento do povo trouxe o julgamento que ele anunciara. A descrição do seu lamento aponta para uma grande tristeza. O grito de um chacal é algo aterrorizante. O chacal é um predador noturno, pelo que, quando se ouvem seus gritos, sabe-se que está havendo alguma forma de matança "lá fora". Por sua vez, o som produzido pela avestruz é como o de alguém que está sofrendo a pior agonia.[68]

Miqueias pranteia porque sua nação está em estado terminal, com uma ferida incurável. A invasão da sua terra pelas hordas assírias compunge seu coração. A devastação das suas cidades e o cerco de Jerusalém arrancam gemidos da sua alma.

Miqueias, em sinal de tristeza, não apenas lamenta como chacais e pranteia como avestruzes, mas, também, anda despojado e nu. Miqueias não só anuncia a Palavra de Deus, mas quer também que os ouvintes a vejam. Os deportados deviam, com efeito, partir para Nínive, nus e acorrentados. Bem poucos chegariam ao destino. Para alertar e despertar os israelitas, Miqueias se veste, ou melhor, desveste-se como se fosse um deportado.[69] O profeta está desolado ao ouvir o veredicto do juiz.

Em segundo lugar, *a razão do seu lamento* (1.9). "Porque as suas feridas são incuráveis; o mal chegou até Judá; estendeu-se até a porta do meu povo, até Jerusalém."

O tempo do arrependimento havia passado; o juízo tornara-se inevitável. As feridas do povo tornaram-se incuráveis. A paciência de Deus chegara ao fim. Ele é longânimo, mas não condescendente. A nação havia cruzado a linha invisível de onde não havia mais possibilidade de retorno.

Existe para o profeta o tempo A, no qual ainda é possível mudar o curso da História pela conversão. Mas há também o tempo B, no qual os mecanismos engrenados são irreversíveis, e o castigo inevitável, e no qual nem a mais sublime conversão poderá mudar nada do que está para acontecer. No tempo A, ainda é tempo (Hb 4.7). No tempo B, já é muito tarde (Lc 16.19-31).[70]

A idolatria, a prostituição e a opressão social haviam anestesiado a consciência do povo, tapando seus ouvidos à voz dos profetas de Deus. O mal que se abatera sobre Samaria caminhava célere também para a cidade de Jerusalém. O

O julgamento do povo de Deus

cerco do inimigo já estava às portas da cidade de Jerusalém. O mal era inevitável, uma vez que a ferida era incurável.

James Wolfendale, comentando o texto em tela, diz que essa ferida era incurável porque se tratava de uma doença mortal, universal e irremediável.[71]

O réu é saqueado em sua terra (1.10-15)

O profeta Miqueias, usando um recurso retórico formidável de poderosos trocadilhos, anuncia a invasão, a espoliação e a queda de dez cidades de Judá, numa marcha resoluta do exército assírio na direção de Jerusalém.

O mesmo império assírio que havia tomado Samaria em 722 a.C. estava agora decidido a invadir também o Reino do Sul. Naquele tempo, a Assíria era militarmente irresistível. As nações mais poderosas precisavam se render à sua supremacia militar. Todas as cidades fortificadas de Judá já haviam sido tomadas nessa invasão (2Rs 18.13). Jerusalém estava prestes a cair. A tática do invasor consistiu em envolver a parte baixa, a sudoeste de Jerusalém, para cortar-lhe todo auxílio externo e assim obrigá-la à rendição.[72]

Não fora a intervenção milagrosa de Deus e Senaqueribe teria também devastado a cidade de Davi. O juízo sobre Jerusalém foi apenas adiado, mas não suspenso. Em 586 a.C., Nabucodonosor cercou e dominou aquela cidade, levando seu povo para o cativeiro.

Vejamos a contundente descrição de Miqueias acerca das dez cidades que sucumbiram ao poderio militar da Assíria.

J. Sidlow Baxter tem razão quando afirma que essas desconhecidas cidades são lugares da região em que Miqueias foi criado, lugares situados entre os vales amplos e férteis do Sefelá ou entre a cadeia de colinas baixas que ficam entre Judá e a planície da Filístia.[73]

As primeiras cidades mencionadas encontram-se na região montanhosa de Judá. O inimigo está atravessando Samaria em direção a Jerusalém. As cidades seguintes estão na vizinhança imediata de Jerusalém. A seguir, citam-se os lugares situados nas planícies da Judeia e adjacentes ao país filisteu.[74]

O nome das cidades se transforma em palavra que Deus mesmo dirige a elas.[75] O próprio nome dessas cidades já encerrava uma mensagem para elas. O castigo que as aguarda está indelevelmente impresso nos próprios nomes que elas trazem.

Champlin está com a razão quando escreve:

> Você observará no texto em apreço que todas as expectativas dos habitantes dessas dez cidades não se cumpririam, mas, antes, receberiam o contrário de suas melhores esperanças. Assim, enquanto os falsos profetas enchiam a cabeça dos israelitas e judaítas de esperanças vãs, Miqueias mostrou-lhes que essas esperanças não tinham razão de ser, porquanto Deus estava irado com o seu povo.[76]

Vejamos o significado e a mensagem do nome dessas cidades:

1) Gate significa "anunciar". O profeta diz: "Não anuncieis em Gate".

2) Bete-Leafra quer dizer "casa do pó", de modo que ele escreveu: "Revolvei-vos no pó". Na casa empoeirada, os moradores devem se revolver na poeira, em sinal de tristeza e luto.

3) Safir significa "agradável, bela ou vista esplêndida", mas eles não teriam uma aparência agradável nem bela quando fossem levados nus como prisioneiros de guerra. A beleza é transformada em vergonha e a graça transformada em desgraça.

O julgamento do povo de Deus

4) Zaaná significa "sair", mas o povo não poderia sair por causa do perigo.

5) Bete-Ezel significa "casa de extração", de modo que extrairia deles seu refúgio.

6) Marote significa "amargura", e a cidade sofreria amarga calamidade.

7) Laquis significa "cidade da corrida ou cidade dos cavalos", e o profeta os advertiu para atrelar os cavalos aos carros para tentar escapar. Laquis era uma das mais importantes fortificações militares de Judá. O sentido proposto é o de que de nada adiantaria a força militar de Laquis, pois a derrota de Judá seria inevitável, visto que essa era a vontade de Iavé.

8) Moresete-Gate significa "noiva de Gate", mas a cidade não pertenceria mais a Judá, mas sairia de casa e passaria a ser dos invasores.

9) Aczibe significa "fonte mentirosa ou local de engano". Essa é uma palavra usada especialmente para os _uádis_, pequenos riachos que dependiam das chuvas para ter águas, e que, por isso, enganavam os sedentos que, ao encontrá-los, não podiam saciar a sede.[77]

A cidade de Aczibe foi enganada pelos seus pecados e caiu nas mãos do inimigo.

10) Maressa significa "cidade de conquista ou cidade hereditária" e a cidade foi conquistada pelo inimigo.[78]

A conclusão inevitável a que chegamos é que a mais desastrosa atividade que o homem conhece é a do pecado. Suas consequências são medonhas e aterradoras.[79]

O réu é deportado da sua terra (1.16)

Havia uma crença infundada de que Jerusalém era uma cidade inexpugnável enquanto o templo estivesse erguido na colina de Sião. A confiança do povo era no templo, e não no Deus do templo (Jr 7.4). Por isso, Deus mesmo entregou o templo, os vasos do templo, a cidade de Jerusalém e seu povo nas mãos do inimigo.

O profeta Miqueias descreve esse desterro, assim: "Faze-te calva e tosquia-te, por causa dos filhos que eram as tuas delícias; alarga a tua calva como a águia, porque de ti serão levados para o cativeiro" (1.16). Chamamos a atenção para dois fatos:

Em primeiro lugar, *a maneira de expressar o sofrimento* (1.16). "Faze-te calva e tosquia-te [...] alarga a tua calva como a águia." Raspar a cabeça era um sinal de profunda humilhação e dor. Quando Jó recebeu a notícia da morte de seus filhos, ele raspou a cabeça e cobriu-se de pó (Jó 1.20).

Miqueias está apontando para a invasão babilônica que viria anos mais tarde. Essa invasão seria irresistível. A cidade cairia nas mãos dos caldeus, muitos seriam passados ao fio da espada, e os outros, levados cativos para a Babilônia.

Em segundo lugar, *a razão para expressar o sofrimento* (1.16). "[...] por causa dos filhos que eram as tuas delícias [...] porque de ti serão levados para o cativeiro." Os pais veriam seus filhos queridos ser arrancados de seus braços. As mães veriam seus pequeninos serem pisados como lama nas ruas. Famílias seriam desintegradas. Jovens livres e cheios de sonhos seriam transformados em escravos em terra estrangeira. Esse é o triste salário do pecado.

Crabtree, de uma maneira contundente, conclui: "A infidelidade e a corrupção do povo resultaram, finalmente, na destruição nacional".[80]

Notas do capítulo 2

[42] MAILLOT, A. e LELIÈVRE, A. *Atualidade de Miquéias.* Edições Paulinas. São Paulo, SP, 1980, p. 24,25.

[43] STURZ, Richard J. *Miqueias* em *Obadias, Miqueias, Naum, Habacuque e Sofonias.* Editora Vida Nova. São Paulo, SP, 2006, p. 194.

[44] CRABTREE, A. R. *Profetas menores.* Casa Publicadora Batista. Rio de Janeiro, RJ, 1971, p. 132.

[45] CALVINO, João. *Commentaries on the minor prophets – Micah.* Christian Classics ethereal Library. Grand Rapids, MI, s.d., p. 4.

[46] McGEE, J. Vernon. *Jonah and Micah.* Thomas Nelson Publishers. Nashville, TN, 1991, p. 87.

[47] STURZ, Richard J. *Miqueias* em *Obadias, Jonas, Miqueias, Naum, Habacuque e Sofonias,* p. 194.

[48] HENRY, Matthew. *Matthew Henry's commentary.* Marshall, Morgon & Scott. Grand Rapids, MI, 1960, p. 1.148.

[49] STURZ, Richard J. *Miqueias* em *Obadias, Jonas, Miqueias, Naum, Habacuque e Sofonias,* p. 195.

[50] WIERSBE, Warren W. *Comentário bíblico expositivo.* Vol. 4. Geográfica Editora. Santo André, SP, 2006, p. 484.

[51] PEISKER, Armor D. *O livro de Miqueias* em *Comentário bíblico Beacon.* Vol. 5. CPAD. Rio de Janeiro, RJ, 2005, p. 171.

[52] CHAMPLIN, Russell Norman. *O Antigo Testamento interpretado versículo por versículo.* Vol. 5. Editora Hagnos. São Paulo, SP, 2003, p. 3573.

[53] MAILLOT, A. e LELIÈVRE, A. *Atualidade de Miqueias,* p. 41.

[54] WIERSBE, Warren W. *Comentário bíblico expositivo.* Vol. 4, 2006, p. 484.

[55] BARKER, Kenneth L. & KOHLENBERGER III, John R. *Zondervan NIV Bible commentary.* Vol. 1. Zondervan Publishing House. Grand Rapids, MI, 1994, p. 1469.

[56] CALVINO, João. *Commentaries on the minor prophets – Micah,* p. 10.

[57] FEINBERG, Charles L. *Os profetas menores.* Editora Vida. Miami, FL, 1988, p. 154.

[58] COELHO FILHO, Isaltino Gomes. *Os profetas menores II.* JUERP. Rio de Janeiro, RJ, 2002, p. 26,27.

[59] STURZ, Richard J. *Miqueias* em *Obadias, Jonas, Miqueias, Naum, Habacuque e Sofonias,* p. 196.

[60] MAILLOT, A. e LELIÈVRE, A. *Atualidade de Miqueias,* p. 44.

[61] CRABTREE, A. R. *Profetas menores,* p. 135.

[62] PAPE, Dionísio. *Justiça e esperança para hoje.* ABU. São Paulo, SP, 1983, p. 66.

[63] STURZ, Richard J. *Miqueias* em *Obadias, Jonas, Miqueias, Naum, Habacuque e Sofonias,* p. 198.

[64] MAILLOT, A. e LELIÈVRE, A. *Atualidade de Miqueias,* p. 43.

[65] FEINBERG, Charles L. *Os profetas menores,* p. 155.

[66] McGEE, J. Vernon. *Jonah and Micah,* p. 92.

[67] STURZ, Richard J. *Miqueias* in *Obadias, Jonas, Miqueias, Naum, Habacuque e Sofonias,* p. 199.

[68] CHAMPLIN, Russell Norman. *O Antigo Testamento interpretado versículo por versículo.* Vol. 5, p. 3.574.

[69] MAILLOT, A. e LELIÈVRE, A. *Atualidade de Miqueias,* p. 46.

[70] MAILLOT, A. e LELIÈVRE, A. *Atualidade de Miqueias,* p. 47.

[71] WOLFENDALE, James. *The preacher's homiletic commentary.* Vol. 20. Baker Books. Grand Rapids, MI, 1996, p. 400.

[72] MAILLOT, A. e LELIÈVRE, A. *Atualidade de Miqueias,* p. 46.

[73] BAXTER, J. Sidlow. *Examinai as Escrituras: Ezequiel a Malaquias.* Editora Vida Nova. São Paulo, SP, 1995, p. 215.

[74] FEINBERG, Charles L. *Os profetas menores,* p. 155.

[75] MAILLOT, A. e LELIÈVRE, A. *Atualidade de Miqueias,* p. 46.

[76] CHAMPLIN, Russell Norman. *O Antigo Testamento interpretado versículo por versículo.* Vol. 5, 2003, p. 3571.

[77] ZABATIERO, Julio Paulo Tavares. *Miqueias: Voz dos sem-terra.* Editora Vozes. Petropolis, RJ, 1996, p. 47.

[78] WIERSBE, Warren W. *Comentário bíblico expositivo.* Vol. 4, 2006, p. 485,486; STURZ, Richard J. *Miqueias* em *Obadias, Jonas, Miqueias, Naum, Habacuque e Sofonias,* p. 200.

[79] FEINBERG, Charles L. *Os profetas menores,* p. 157.

[80] CRABTREE, A. R. *Profetas menores,* p. 139.

Capítulo 3

Opressão, punição e restauração
(Mq 2.1-13)

O CAPÍTULO I DE MIQUEIAS TRATOU da relação do homem com Deus; este capítulo tratará da sua relação com o próximo. O capítulo 1 denunciou os pecados contra Deus; este embocará sua trombeta para denunciar os pecados contra o homem.[81]

Como bem disse Meyer, o capítulo 1 focou a primeira tábua da lei; este, a segunda tábua.[82] A quebra dos mandamentos da primeira tábua da lei implica na quebra também dos mandamentos da segunda. Quando o homem não tem uma relação certa com Deus, também não terá uma relação certa com o seu próximo.

Concordo com Armor Peisker quando afirma que os pecados contra o povo são, na realidade, pecados contra Deus.[83]

Charles Feinberg deixa essa verdade ainda mais clara quando analisa que se o capítulo 1 vitupera com ousadia os pecados do povo da aliança contra o Senhor, o capítulo 2 censura com a mesma clareza e destemor os crimes cometidos contra o homem. Violência e opressão acham-se indicadas como os motivos morais para o juízo de Deus.[84]

O Reino do Norte já sucumbira sob o poder militar da Assíria. O Reino do Sul estava marchando a passos largos na mesma direção. As cidades fortificadas de Judá já haviam sido tomadas pela Assíria. Pesados tributos eram destinados aos cofres estrangeiros. Além disso, o regime militarista promovido pelo rei Ezequias sobrecarregou ainda mais o povo com pesados impostos.

Júlio Zabatiero é de opinião que esse processo de acumulação de terras era consequência indireta da tributação imposta pelo Estado sobre os camponeses. Nessa época, havia uma tributação duplamente onerosa, pois o tributo deveria sustentar o Estado judeu e pagar ainda o tributo exigido pelo império assírio, ao qual Judá estava subordinada. Assim, os camponeses se viam obrigados a tomar empréstimos para sobreviver e se ficassem impossibilitados de pagar esses empréstimos, chegavam à dura condição de perder suas terras e casas para pagamento das dívidas contraídas.[85]

Uma classe de homens ricos, com o poder político e econômico nas mãos, aproveitou essa crise econômica para traçar planos inescrupulosos no sentido de ficarem mais ricos, juntando campo a campo e casa a casa (Is 5.8).

Os camponeses, já sobretaxados por causa da pesada dívida externa e com uma sobrecarga de abusivos impostos internos, eram ainda convocados a defender sua terra contra a invasão assíria. Esses valorosos soldados acabavam defendendo os interesses dos ricos que os exploravam. Enquanto esses bravos combatentes lutavam na linha de frente, os ricos, na calada da noite, tramavam para tomar suas terras, suas casas e escravizar suas mulheres e filhos. E depois que esses heróicos guerreiros voltavam para casa, endividados, sem bens, sem família, ainda eram despojados até de suas vestes para quitar suas dívidas intermináveis.

É nesse contexto de uma abundante expressão religiosa e de uma escassez de justiça que o profeta Miqueias ergue sua voz em nome de Deus para denunciar os pecados da nação.

A tônica do profeta Miqueias é que o pecado não fica impune. O pecado é maligníssimo. Ele traz em seu DNA a semente da morte. Ele é o opróbrio das nações. Vejamos a denúncia feita pelo profeta Miqueias aos endinheirados de Jerusalém.

A opressão aos pobres, um ato condenável aos olhos de Deus (2.1,2)

Miqueias desveste a injustiça praticada pelos ricos citadinos e mostra toda a sua feiura. Ele levanta a ponta do véu e exibe as características dessa clamorosa injustiça.

Em primeiro lugar, *a injustiça em sua concepção* (2.1). "Ai daqueles que, no seu leito, imaginam a iniquidade e maquinam o mal!" Os ricos aproveitavam a noite para conceber a iniquidade e maquinar o mal. Eles tinham uma mente irrequieta e ágil para arquitetar o mal. O mal não vinha do ambiente externo, mas de suas mentes corrompidas. Não brotava das estruturas políticas, mas de seus corações avarentos.

Em segundo lugar, *a injustiça em sua maturação* (2.1). "À luz da alva, o praticam, porque o poder está em suas mãos." Não havia pausa entre a concepção do mal e o seu nascimento; entre seu planejamento e sua execução. Eles concebiam um plano injusto à noite e, logo de manhã, já o colocavam em prática. E faziam isso porque o poder político, judiciário e religioso já havia sido seduzido pelos favores do lucro.

Crabtree chega a dizer que a direção do governo estava no poder dos ladrões, e, assim, eles podiam praticar todas as formas de mal sem qualquer receio.[86] O homem que tem dinheiro tem poder, direito e até mesmo o Direito, porque o Direito será feito e refeito para ele, para protegê-lo e ao seu dinheiro. O dinheiro chama o dinheiro. O poder chama o poder e, fatalmente, o abuso de poder.[87]

Em terceiro lugar, *a injustiça em sua ação* (2.2). "Se cobiçam campos, os arrebatam; se casas, as tomam; assim, fazem violência a um homem e à sua casa, a uma pessoa e à sua herança." Do pensamento à ação, é como o mal se desenvolve, acrescenta Armor Peisker.[88]

Miqueias destaca que a injustiça desses ricos gananciosos tinha quatro características:

Era uma prática proibida (2.2). A cobiça é o pecado condenado no décimo mandamento da lei de Deus (Êx 20.17). Esses ricos não apenas desejavam o que era dos outros, mas também o tomavam e arrebatavam de forma desonesta. Por isso, em conluio com autoridades igualmente corruptas, mediante subornos e outros procedimentos ilegais, desapropriavam campos e casas desejáveis dos seus respectivos donos.[89]

Opressão, punição e restauração

Da cobiça emana o desejo pecaminoso que incita os homens a quebrar muitos dos outros nove mandamentos da lei de Deus.

Era uma prática violenta (2.2). "[...] assim, fazem violência a um homem e à sua casa." Os ricos estavam usando expedientes violentos para saquear os bens dos pobres, tomando suas casas e suas terras, sem que esses pobres pudessem lhes oferecer qualquer resistência.

A crise sempre interessa a um grupo corrupto e inescrupuloso. É nas sombras espessas da crise, acobertadas pelo manto da escuridão, que as ratazanas esfaimadas mordem sem piedade o erário público e tomam, com requintes de violência, os bens dos pobres.

A riqueza que deveria ser repartida com justiça se concentra nas mãos de poucos. A base da pirâmide social alarga-se, democratizando a miséria, enquanto os parasitas e monstros sociais, ilustres criminosos de colarinho branco, fazem uma viagem rápida para o topo da pirâmide.

Era uma prática desumana (2.2). "[...] assim, fazem violência [...] a uma pessoa e à sua herança." Os ricos não só tomavam terras e casas, mas, também, transformavam as pessoas endividadas em escravas. Eles tiravam não apenas o direito de posse, mas, também, o sagrado direito da liberdade. Eles tomavam não apenas os bens dos pobres, subjugavam também o seu corpo. À perda da casa e dos campos seguia-se a perda da liberdade e, por fim, da vida.[90]

Warren Wiersbe está coberto de razão quando diz que a lei de Moisés ordenava que a terra permanecesse com as famílias e dentro das tribos. Na verdade, a terra pertencia ao Senhor (Lv 25.2,23,38), e ele a havia "arrendado" para o povo em troca da obediência à sua lei. Se eles desobedecessem a ele, profanariam a terra e chamariam sobre si o julgamento divino (Lv 18.24-30; Nm 35.33,34). Se qualquer um vendesse uma propriedade da família, a transação era válida somente até o próximo ano do jubileu, quando todas as terras eram devolvidas aos seus proprietários originais (Lv 25.13-17). Esse sistema impedia os ricos de oprimir os pobres e ajudava a estabilizar a economia.[91]

Era uma prática amaldiçoada (2.1). "Ai daqueles que." Deus destina um "ai" àqueles que maquinam e praticam o mal contra o próximo. Deus condena veementemente aqueles que oprimem os fracos, porque o poder de fazê-lo está em suas mãos.

Os ricos gananciosos de Jerusalém praticavam seus crimes à solta. Estavam seguros de que não seriam apanhados nem exemplarmente punidos. Quando Miqueias ergueu a voz para denunciá-los, eles imediatamente tentaram calar sua voz.

Ainda hoje, muitos vivem deliberadamente no pecado como se não tivessem de enfrentar o justo e reto juízo de Deus.

A retribuição, um ato justo de Deus (2.3-5)

O profeta Miqueias, diferente dos falsos profetas que falavam apenas para agradar os ricaços e endinheirados de Jerusalém, ergue a voz para anunciar o juízo inevitável e inexorável de Deus contra a prática da injusta opressão.

J. Vernon McGee tem razão quando afirma: "Quando a riqueza e o poder se concentram nas mãos de poucas pessoas ímpias, Deus se move em julgamento".[92] Esse julgamento trará em suas asas a invasão, a expropriação e a deportação (2.3).[93] A retribuição divina tem três características:

Opressão, punição e restauração

Em primeiro lugar, *a retribuição divina é justa* (2.3). "Portanto, assim diz o Senhor: Eis que projeto mal contra esta família." Deus paga os ricos com a mesma moeda. Enquanto eles maquinavam o mal em seus leitos contra os pobres (2.1), Deus projetava o mal contra eles (2.3). Era o "mal" divino legítimo, contra o ilegítimo "mal" social.[94] Enquanto eles, à luz do dia, tomavam campos e casas (2.2), Deus entregava suas casas e terras aos inimigos (2.3,4).

Os ricos despojaram os pobres; eles seriam despojados. Os ricos despejaram as famílias de suas casas; eles também seriam desalojados e deportados. Eles escravizaram os pobres; eles também seriam levados cativos. "De Deus não se zomba; pois aquilo que o homem semear, isso também ceifará" (Gl 6.7).

O mal cometido pelo homem cairá sobre a própria cabeça dele. Os ricos que adquiriram terras e mais terras, casas e mais casas, prepararam a desgraça para si e para os seus herdeiros. Espoliando seus concidadãos, estes perderiam toda a motivação de lutar pela pátria no caso de uma invasão inimiga. Os ricos, querendo ganhar tudo, perderam tudo.[95]

Em segundo lugar, *a retribuição divina é humilhante* (2.3,4).

> [...] e não andareis altivamente, porque o tempo será mau. Naquele dia, se criará contra vós outros um provérbio, se levantará pranto lastimoso e se dirá: Estamos inteiramente desolados! A porção do meu povo, Deus a troca! Como se despoja! Reparte os nossos campos aos rebeldes!

Os ricos que se refestelavam na abundância de sua riqueza mal adquirida seriam despojados e humilhados até o extremo. A situação dos ricos de Jerusalém seria mais dramática do que a dos pobres que eles despojavam em sua terra. Eles seriam arrancados à força de suas casas. Eles seriam humilhados até o pó. Eles veriam seus bens sendo entregues nas mãos do inimigo invasor. O sofrimento deles seria proverbial. Eles enfrentariam uma condição absolutamente lamentável. Eles, à medida em que fossem espoliados e arrancados com violência de Jerusalém pelo invasor, partiriam para o cativeiro gemendo, lamentando e chorando um doído e monótono choro.

Em terceiro lugar, *a retribuição divina é irremediável* (2.3,5). "[...] do qual não tirareis a vossa cerviz. [...] Portanto, não terás, na congregação do Senhor, quem, pela sorte, lançando o cordel, meça possessões." Os ricos teriam um canzil no pescoço e iriam para o cativeiro arrastados como animais de carga. Quem tinha se recusado a curvar o pescoço sob o jugo fácil dos mandamentos de Deus, agora, tem de se curvar sob o jugo pesado do julgamento de Deus.[96]

Suas terras seriam distribuídas entre os estrangeiros e ninguém de sua família estaria presente para reivindicar qualquer coisa. Esse destino estava lavrado de forma irremediável.

Richard Sturz recorda o fato de que a terra tinha sido distribuída com direitos hereditários em Josué 13.6 e 14.1-5. Desde essa época, eles vinham usando um cordel (2Sm 8.2) ou pedras lançadas numa dobra de roupa (Pv 16.33) para determinar a quem caberia a herança. Agora, porém, as divisões seriam feitas por seus inimigos.[97]

Fazendo oportuna aplicação do texto em tela, Crabtree está correto ao afirmar que a mensagem de Miqueias, na condenação severa da injustiça da opressão dos fracos pelos poderosos, é sempre apropriada em todas as formas da sociedade de todos os povos em todas as gerações. Pois, na economia, de todas as formas de governo, muitos ricos e privilegiados não podem resistir à tentação de exercer poder e autoridade a favor de seus interesses, com o prejuízo do bem-estar dos seus vizinhos.[98]

É bem conhecido o alerta do estadista inglês, Lord Acton: "O poder tem a tendência de corromper o poderoso, e o poder absoluto corrompe absolutamente".

A resistência à Palavra de Deus, uma atitude insensata (2.6,7)

Os opressores não tinham consciência do seu pecado. Eles se julgavam acima do bem e do mal, uma vez que viam a si mesmos como "[...] a casa de Jacó" (2.7). Eles se escondiam atrás da religião, mantendo todo o aparato de seus ritos sagrados. Cercavam-se de falsos profetas que, por dinheiro, só lhes pregavam sermões amenos (3.5,11).

Quando Miqueias denunciou seus pecados, colocando o dedo na ferida, eles logo protestaram contra Miqueias (2.6,7), como já haviam feito com Amós (Am 7.10-17) e fariam mais tarde com Jeremias (Jr 5.31). Três fatos merecem aqui destaque:

Em primeiro lugar, *os pecadores se ofendem com a Palavra de Deus* (2.6). "Não babujeis, dizem eles. Não babujeis tais coisas, porque a desgraça não cairá sobre nós."

Aqueles que, por conveniência, se cercam de falsos mestres sentem-se agredidos quando escutam a fiel exposição da palavra de Deus. Contudo, o profeta de Deus não prostitui seu ministério. Ele não vende sua consciência. Ele não faz do ministério uma plataforma de relações públicas. Ele não prega para agradar os ouvintes; prega para levá-los ao arrependimento. Sermões que adulam pecadores nunca os salvam.[99]

Charles Feinberg alerta para o perigo de o homem recusar-se a ouvir a palavra de Deus, dizendo que se os pecadores não forem confrontados com seus pecados virá sobre eles inevitável destruição. Quando o homem consegue o que deseja, não sendo esse desejo procedente do Senhor, não deixa de vir junto o emagrecimento da alma.[100]

Em segundo lugar, *os pecadores se iludem com as falsas profecias* (2.6). "[...] porque a desgraça não cairá sobre nós."

Miqueias enfrentou falsos profetas, homens vendidos à situação.[101] A tônica da falsa profecia é apavorar os que estão em segurança e acalmar os que estão anestesiados pelo pecado. O falso profeta sempre anuncia paz, paz onde não tem paz. Ele remove a ameaça, onde Deus fala de juízo. Ele anuncia coisas boas, onde Deus proclama a guerra. O falso profeta massageia o ego dos pecadores, em vez de confrontá-los e repreendê-los. Não prega sobre a ira de Deus, antes, apresenta um deus bonachão que enriquece as pessoas e fecha os olhos aos seus erros. Os falsos profetas, além de não terem consciência do pecado, também negam sua malignidade. Eles tentam negar as consequências inevitáveis do pecado. Os ricos dormiam o sono da morte, na antessala do juízo, embalados pela profecia mentirosa dos falsos profetas.

Multiplicam-se hoje os profetas da conveniência que em vez de serem boca de Deus são eco do mundo. Esses profetas têm um fã-clube garantido, uma vez que oferecem ao povo um ópio e um anestésico, dizendo-lhe para descansar seguro, mesmo quando esse povo caminha cambaleante sobre uma corda puída esticada sobre um grande e tenebroso abismo. Esses falsos profetas nunca chamam o povo ao arrependimento. Jamais confrontam seus pecados. Nunca denunciam suas más obras. Estão mais interessados no lucro do que na salvação dos pecadores.

Concordo com Isaltino Filho quando diz que seria bom lembrarmos que Deus não é "nosso camaradinha", mas o Eterno, o Santo, e nossa preocupação deve ser viver retamente diante dele. Não basta participar de correntes e de campanhas, se não houver arrependimento e mudança radical de vida.[102]

Em terceiro lugar, *os pecadores buscam falsos refúgios* (2.7). "Tais coisas anunciadas não alcançarão a casa de Jacó. Está irritado o Espírito do Senhor? São estas as suas obras?"

Os ricos cheios de ganância e opressão tinham uma falsa religião, uma falsa confiança e um falso refúgio. Eles se consideravam a verdadeira família de Deus. Eles acreditavam que Deus jamais estaria contra eles, que o Espírito jamais estaria irritado contra eles. Enquanto tivessem o templo, o culto e os sacrifícios estariam seguros. Eles substituíram a vida pelo ritual. A confiança deles não estava em Deus, mas na religião.

A. Maillot diz acertadamente que os israelitas pensavam que ainda acreditavam no Senhor de Jerusalém, quando, na verdade, acreditavam cada vez mais em Jerusalém somente, eles, acreditando cada vez mais em Jerusalém, acreditavam cada vez mais em si mesmos, em seu poderio militar ou espiritual. Eles acreditavam mais em sua fé do que no Senhor da fé.[103]

O mesmo autor adverte: "Esta degenerescência, na qual o objeto da fé se transfere para o sujeito da fé, é sempre possível. Também a igreja passou muitas vezes da fé no Senhor da igreja para a confiança em si mesma".[104]

Esses profetas da conveniência se esqueceram que a aliança de Deus incluía tanto promessas quanto preceitos; tanto bênçãos quanto obrigações.

Isaltino Filho, citando Francis Schaeffer, diz que há profetas que em vez de serem palavra de Deus são o eco do mundo. Eles não dizem o que Deus espera que digam, mas o que o mundo quer ouvir. Eles ecoam os anseios do coração humano e, assim, enganam seus ouvintes e os levam mais rapidamente à destruição.[105]

A proclamação da Palavra de Deus, um ato de coragem (2.7b-11)

Assim como os falsos profetas perseguiram a Amós e Jeremias, também perseguiram a Miqueias. Todavia, ele não se intimidou; antes, levantou sua voz para aprofundar ainda mais suas denúncias contra o pecado dos ricos. Vejamos quais foram essas denúncias.

Em primeiro lugar, *o Deus da aliança não tem compromisso com as loucuras do seu povo* (2.7b). "Sim, as minhas palavras fazem o bem ao que anda retamente."

As promessas do pacto exigiam obediência; a desobediência acarretaria juízo e condenação (Dt 28.15-68). Deus não inocenta o culpado. O pecado jamais ficará impune. Deus perdoa o pecado, mas não remove as cicatrizes. A opressão aos pobres era uma prática execranda aos olhos de Deus e não ficaria sem o merecido castigo.

Em segundo lugar, *o povo da aliança estava destruindo os próprios irmãos* (2.8). "Mas, há pouco, se levantou o meu povo como inimigo."

Os ricos de Jerusalém estavam espoliando não os estrangeiros, mas seus irmãos. Eles estavam saqueando não os inimigos, mas os membros da família da fé. Eles estavam oprimindo aqueles a quem deveriam defender. Estavam agindo como inimigo de seus irmãos.

Em terceiro lugar, *o povo da aliança estava oprimindo a seus irmãos de forma cruel* (2.8,9).

Opressão, punição e restauração

> [...] além da roupa, roubais a capa àqueles que passam seguros, sem pensar em guerra. Lançais fora as mulheres de meu povo do seu lar querido; dos filhinhos delas tirais a minha glória, para sempre.

Três pecados graves são aqui denunciados por Miqueias. *Os ricos roubavam de camponeses pacíficos* (2.8b). Esses transeuntes poderiam ser camponeses que chegavam à cidade para pagar suas contas ou soldados pobres e endividados que voltavam da guerra depois de defender o seu país, esperando encontrar paz e segurança.[106]

Enquanto os soldados combatiam no campo o exército assírio, defendendo o patrimônio dos ricos que ficaram confortavelmente na cidade, esses ricos avarentos aproveitavam para se apossar de seus bens (2.1,2). Depois de terem defendido seus ladrões e exploradores – os soldados se viam despojados até da última coisa que lhes restava, o manto que durante a expedição lhes servia de proteção contra o frio da noite, manto que era proibido dar como penhor e tomar como pagamento (Êx 22.26,27).[107]

A capa era um bem inalienável. Pois até essa peça da indumentária era arrancada sem qualquer piedade por esses ricos gananciosos.

Os ricos abusavam de mulheres indefesas (2.9). Enquanto seus maridos estavam no campo de combate defendendo os interesses desses ricos inescrupulosos, suas mulheres eram espoliadas e despejadas de suas casas pelos usurários sem qualquer direito e sem qualquer sensibilidade.

Os ricos maltratavam crianças inocentes (2.9b). As crianças, ainda pequenas, eram violentamente arrancadas da segurança do lar, e despejadas na rua ou feitas escravas, por homens gananciosos que amparados por uma religião conveniente e por um judiciário corrupto permaneciam seguros

MIQUEIAS – a justiça e a misericórdia de Deus

e impunes. Entre o povo libertado do Egito havia, agora, paradoxalmente, israelitas escravos de outros israelitas.[108]

O juízo divino, uma ação inevitável (2.10,11)

Depois de denunciar de forma contundente o pecado dos ricos, Miqueias troveja sobre eles o juízo divino. Quatro verdades devem ser aqui destacadas:

Em primeiro lugar, *os que praticam o pecado são tratados como inimigos* (2.8).

Os ricos agiam como inimigos de Deus e inimigos do povo. Eles resistiram ao profeta de Deus e também à Palavra de Deus. Deus não aplaude a opressão. Deus não se deixa seduzir pelo *glamour* do poder nem pelo fascínio da riqueza. Aqueles que se empoleiram no poder e de forma corrupta se mancomunam com os poderes constituídos para enriquecer ilicitamente, na certeza de que, blindados pelo sistema, jamais serão apanhados ou punidos, são tratados por Deus como inimigos de fato.

Em segundo lugar, *os que despojam os outros serão despojados* (2.10). "Levantai-vos e ide-vos embora, porque não é lugar aqui de descanso."

Os ricos cobiçaram e arrebataram os bens dos pobres; arrancaram-nos de suas casas e os despediram de mãos vazias. Agora, eles estão sendo saqueados pelo inimigo. A terra da promessa não é mais lugar de descanso para eles. Eles precisam sair e ainda perder todos os seus bens.

Em terceiro lugar, *os que escravizaram os outros serão destruídos* (2.10b). "[...] ide-vos por causa da imundícia que destrói, sim, que destrói dolorosamente."

Os ricos, impiedosamente, fizeram de seus irmãos escravos. Agora, eles são levados cativos. Os ricos escravizaram os filhos de seus irmãos; agora, eles veriam seus filhos

Opressão, punição e restauração

sendo destruídos e levados para o cativeiro (1.16). Eles foram os agentes da destruição; agora, seriam o alvo dela.

Em quarto lugar, _eles deram crédito aos falsos profetas e foram por eles enganados_ (2.11). "Se houver alguém que, seguindo o vento da falsidade, mentindo, diga: Eu te profetizarei do vinho e da bebida forte, será este tal o profeta deste povo."

O termo "espírito" significa também "vento". O falso profeta se pretende guiado pelo Espírito, mas o que ele faz é correr atrás do vento. E o que ele espalha em torno de si também é vento.[109]

Os opressores se cercaram de falsos profetas para não serem incomodados; agora, eles sofrerão as consequências dramáticas de suas falsas profecias. Amaram a mentira e por ela, foram destruídos. Os falsos profetas, possuídos por um espírito de mentira, mentem por natureza. Eles, falando em estado de êxtase, por ganância, só profetizam coisas boas. Eles são gananciosos em seu propósito. Eles seduzem o povo por seus métodos e o desapontam por seus resultados.

Multiplicam-se hoje, entre a grei evangélica, milícias de falsos profetas que falam em nome de Deus o que Deus não está falando, prometem o que Deus não está prometendo e proíbem o que Deus não está proibindo. Como disse Rolland Wolfe, vivemos numa geração em que a congregação manda no púlpito. O principal critério na escolha de um ministro é que ele diga o que agrada ao ouvido das pessoas e espalhe mentiras alegres, e não a verdade muitas vezes amarga.[110]

Restauração, uma obra divina (2.12,13)

A ruína do povo de Deus vem de seus pecados; mas sua restauração vem de Deus. O profeta Miqueias não anteviu apenas o cativeiro (2.3,5,10), mas, também, profetizou sobre a restauração do povo da promessa (2.12,13). A graça é maior do que o pecado. Onde abundou o pecado superabundou a graça.

O texto termina com uma mensagem de esperança. Deus vai restaurar o remanescente (2.12,13; 4.7; 5.7,8; 7.18) e congregá-lo em seu reino. O Rei será o Pastor do seu povo.[111]

Miqueias perscrutou o futuro e reconheceu a vinda do Messias como um pastor indo adiante das ovelhas (2.13). Previu ele, assim, o Bom Pastor de João 10, que dá a sua vida pelas ovelhas.[112]

Concordo com João Calvino quando diz que essa promessa é cumprida em Cristo, que pelo evangelho, reúne em um só corpo todos os filhos de Deus espalhados pelo mundo, quer judeus, quer gentios.[113] Vejamos quatro aspectos importantes dessa restauração.

Em primeiro lugar, *a libertação* (2.12). "Certamente, te ajuntarei, ó Jacó; certamente, congregarei o restante de Israel."

Deus tem um remanescente. Esse será salvo. Deus disciplina o povo da aliança, mas não o destrói. A libertação é certa. A libertação é obra divina. A libertação é do remanescente fiel. Assim como o cativeiro babilônico teria um fim, assim também Cristo abriria para nós a porta da libertação na cruz do Calvário.

Em segundo lugar, *a unificação* (2.12b). "[...] pô-los-ei todos juntos, como ovelhas no aprisco, como rebanho no meio do seu pasto."

Deus não apenas liberta o seu povo, mas também lhe dá unidade. Israel jamais se dividiria em duas nações. Da mesma forma, a igreja de Deus é una. Somos muitos membros, mas um só corpo. Somos muitas denominações, mas uma só igreja. Judeus e gentios são reunidos no mesmo corpo.

Jesus só tem um rebanho, uma noiva, uma igreja. Todos os que creem no Filho de Deus fazem parte desse bendito rebanho, dessa bem-aventurada família.

Em terceiro lugar, *o crescimento* (2.12c). "[...] farão grande ruído por causa da multidão dos homens".

O Israel de Deus é muito maior do que o Israel político. O verdadeiro Israel, o Israel de Deus, é espiritual (Gl 6.16). Ele é o remanescente da graça (Rm 11.5). Os filhos de Abraão são aqueles que creem em Cristo (Gl 3.7). Somos uma grande e incontável multidão procedente de toda tribo, raça, povo, língua e nação (Ap 7.9,10).

Em quarto lugar, *salvação* (2.13). "Subirá diante deles o que abre caminho; eles romperão, entrarão pela porta e sairão por ela; e o seu Rei irá adiante deles; sim, o Senhor, à sua frente."

Miqueias chega ao auge de sua argumentação fazendo uma belíssima apresentação do Messias. A salvação vem dele. Ele guiará seu rebanho. Ele irá adiante do seu rebanho. Ele mesmo é a porta. Suas ovelhas entrarão e sairão por essa porta e acharão pastagem (Jo 10.9). Ele é o Rei da glória. Ele trouxe, para nós, eterna redenção, e ele mesmo nos guiará à glória eterna.

Charles Feinberg está correto quando diz que aqui o Messias é visto numa tríplice plenitude: Pioneiro, Rei e Senhor. Todas as bênçãos de Israel para sempre estarão inseparavelmente ligadas com o Bendito do Senhor, o Senhor Jesus Cristo.[114]

Notas do capítulo 3

[81] McGee, J. Vernon. *Jonah and Micah.* Thomas Nelson Publishers. Nashville, TN, 1991, p. 99.

[82] Meyer, F. B. *Comentário bíblico devocional – Velho Testamento.* Editora Betânia. Venda Nova, MG, 1993, p. 431.

[83] Peisker, Armor D. *O livro de Miqueias* em *Comentário bíblico Beacon.* Vol. 5. CPAD. Rio de Janeiro, RJ, 2005, p. 174.

[84] Feinberg, Charles L. *Os profetas menores,* 1988, p. 158.

[85] Zabatiero, Julio Paulo Tavares. *Miqueias: Voz dos sem-terra.* Editora Sinodal. São Leopoldo, RS, 1996, p. 54.

[86] Crabtree, A. R. *Profetas menores.* JUERP. Rio de Janeiro, RJ, 1971, p. 140.

[87] Maillot, A. e Lelièvre, A. *Atualidade de Miqueias,* p. 59.

[88] Peisker, Armor D. *O livro de Miqueias* em *Comentário bíblico Beacon.* Vol. 5., p. 174.

[89] Peisker, Armor D. *O livro de Miqueias* em *Comentário bíblico Beacon.* Vol. 5, p. 174.

[90] Sturz, Richard J. *Miqueias* em *Obadias, Jonas, Miqueias, Naum, Habacuque e Sofonias,* p. 206.

[91] Wiersbe, Warren W. *Comentário bíblico expositivo.* Vol. 4, p. 486.

[92] McGee, J. Vernon. *Jonah and Micah,* p. 100.

[93] Maillot, A. e Lelièvre, A. *Atualidade de Miqueias,* p. 59.

[94] Zabatiero, Julio Paulo Tavares. *Miqueias: A voz dos sem-terra,* p. 55.

[95] Maillot, A. e Lelièvre, A. *Atualidade de Miqueias,* p. 60.

[96] Peisker, Armor D. *O livro de Miqueias* em *Comentário bíblico Beacon.* Vol. 5, p. 175.

[97] Sturz, Richard J. . *Miqueias* em *Obadias, Jonas, Miqueias, Naum, Habacuque e Sofonias,* p. 209.

[98] Crabtree, A. R. *Profetas menores,* p. 143,

[99] Coelho Filho, Isaltino Gomes. *Os profetas menores II,* p. 30.

[100] Feinberg, Charles L. *Os profetas menores,* p. 159.

[101] Coelho Filho, Isaltino Gomes. *Os profetas menores II.* JUERP. Rio de Janeiro, RJ, 2002, p. 29.

[102] Coelho Filho, Isaltino Gomes. *Os profetas menores II,* p. 30.

[103] Maillot, A. e Lelièvre, A. *Atualidade de Miqueias,* p. 63.

[104] Maillot, A. e Lelièvre, A. *Atualidade de Miqueias,* p. 63.

[105] Coelho Filho, Isaltino Gomes. *Os profetas menores II,* p. 30.

[106] Sturz, Richard J. *Miqueias* em *Obadias, Jonas, Miqueias, Naum, Habacuque e Sofonias,* p. 211.

[107] MAILLOT, A. e LELIÈVRE, A. *Atualidade de Miqueias,* p. 65.

[108] MAILLOT, A. e LELIÈVRE, A. *Atualidade de Miqueias.* Edições Paulinas. São Paulo, SP, 1980, p. 56.

[109] MAILLOT, A. e LELIÈVRE, A. *Atualidade de Miqueias,* p. 65.

[110] WOLFE, Rolland E. *Micah* em *The interpreter's Bible.* Abingdon Press. New York, NY, 1956, p. 915.

[111] WIERSBE, Warren W. *With the word.* Thomas Nelson Publishers. Nashville, TN, 1991, p. 594.

[112] PAPE, Dionísio. *Justiça e esperança para hoje,* p. 68.

[113] CALVINO, João. *Commentaries on the minor prophets,* p. 24.

[114] FEINBERG, Charles L. *Os profetas menores,* p. 162.

Capítulo 4

O inescapável julgamento de Deus
(Mq 3.1-12)

MIQUEIAS COMEÇA UM NOVO ORÁCULO. Ele troveja uma nova mensagem. Ele emboca sua trombeta contra a liderança corrupta de Jerusalém. A razão para denunciar ousadamente o pecado dos poderosos é ele estar cheio do Espírito do Senhor e ter a instrução do Senhor (3.8).

Calvino disse corretamente que tanto o magistrado civil quanto a profecia eram dádivas de Deus para o bem da sua igreja, mas esses dois dons foram corrompidos e pervertidos.[115] O fermento da corrupção e da maldade havia atingido as autoridades civis e religiosas. Esses líderes são condenados por má administração, por cederem às exigências da classe comercial ascendente e por obterem lucros pessoais com seus cargos.[116]

Miqueias é absolutamente atual. Mesmo distante de nós 2.700 anos, ele faz um minucioso diagnóstico da nossa sociedade. Ele levanta a ponta do véu e mostra com cores fortes a feiura da corrupção endêmica e sistêmica que tomou conta dos poderes constituídos em nossa nação.

Nossa classe política, com raras e honrosas exceções, está desacreditada. Homens inescrupulosos gastam rios de dinheiro para se elegerem e, quando fincam o pé no poleiro do poder, entregam-se a toda sorte de corrupção para se abastecerem e se locupletarem. A riqueza que emana dos braços do povo trabalhador e devia ser administrada para o bem do povo é desviada para contas bancárias de ladrões de colarinho branco. O dinheiro que deveria socorrer os aflitos cai no ralo da corrupção. Nessa gana insaciável do enriquecimento ilícito, o povo é esmagado pela injustiça.

O profeta Miqueias abre a boca para falar e quer que os ouvidos da liderança estejam atentos para ouvi-lo (3.1). É como se Miqueias tivesse gritado: "Deus está falando! É importante!" A declaração nos lembra da repetida admoestação do Senhor: "Quem tem ouvidos para ouvir, ouça!", ou da advertência em Hebreus 12.25: "Tende cuidado, não recuseis ao que fala."

É perigoso tapar os ouvidos à voz de Deus quando ele fala por meio de sua palavra. "Hoje, se ouvirdes a sua voz, não endureçais o vosso coração" (Hb 3.7,8).[117]

Sua mensagem não é vaga nem difusa. Ela é específica, clara e contundente. Ela tem endereço certo: os magistrados corruptos e os profetas mercenários. Quando a política e a religião se unem num concubinato espúrio para ocultar a verdade, praticar a violência e cometer a injustiça, então o povo é esfolado e destruído sem qualquer piedade.

Ouçamos a voz do profeta Miqueias.

O julgamento contra os magistrados corruptos (3.1-4)

Miqueias se dirige aos líderes de Jacó e aos chefes da casa de Israel. Eram as pessoas encarregadas da administração da justiça nos tribunais que exerciam funções políticas e jurídicas.[118] Tratava-se de todos os que detinham algum poder, que ocupavam postos de direção, que eram encarregados de distribuir ou de fazer respeitar a justiça.[119]

Miqueias fala com aqueles que estão investidos de poder e autoridade, porque o exemplo deve vir de cima e também porque não se deve abusar do poder recebido. O poder implica em dever. Concedido por Deus, o poder não pode ser usado ao bel-prazer.[120] Destacamos dois pontos:

Em primeiro lugar, *o pecado de que os magistrados são culpados* (3.1-3). Miqueias se apresenta no tribunal como um advogado de acusação. Munido de irrefutáveis argumentos e discursando com irretocável eloquência, esse paladino da justiça social prova com evidências absolutas a culpabilidade dolosa do réu. A motivação por trás desses horrendos crimes foi o amor ao dinheiro.

Os tribunais se corromperam pela ganância insaciável. Os magistrados viram o povo como um rebanho a ser devorado, e não como um rebanho a ser protegido. Vejamos a argumentação do profeta:

Eles pecaram contra o conhecimento (3.1). "[...] Não é a vós outros que pertence saber o juízo?" Os magistrados detinham não apenas o poder, mas também o saber. O poder é concedido para fazer reinar a justiça; o saber, para ensinar e explicar essa mesma justiça.[121] Por isso, eles

MIQUEIAS – a justiça e a misericórdia de Deus

pecaram não por ignorância, mas apesar do conhecimento. Eles não oprimiram os pobres por falta de luz, mas apesar dela. Os líderes pecaram contra um conhecimento maior.

Com o saber se dá o mesmo que com o poder; aquele que o recebe tem a tendência de se servir dele para alienar os outros, para exercer pressão, para fazer aceitar sem crítica o que ele ensina.[122]

Usar o conhecimento para dominar e oprimir é corromper o seu propósito. A liderança precisa conhecer a verdade, viver a verdade e ensinar a verdade.

Richard Sturz está correto quando diz que a própria posição que os magistrados ocupavam na sociedade exigia que tivessem um profundo conhecimento da lei (Dt 17.18-20; 31.9-13,24-26). Ainda mais, o verbo "saber" tem aqui sentido muito maior que mera cognição intelectual. Significa prestar atenção no objeto conhecido, dar-lhe o devido valor e interessar-se por ele.[123]

Não há atenuantes para seus crimes, uma vez que eles cometeram um pecado deliberado e doloso. Embora tendo conhecimento e sabedoria para decidir uma questão judicial, eles por um motivo torpe, mudaram a sentença para privilegiar os poderosos.

Eles pecaram contra o dever (3.1). "Não é a vós outros que pertence saber o juízo." Miqueias diz que os magistrados tinham a obrigação de conhecer o juízo. Eles tinham o dever de exercer a justiça; mas praticaram o mal. Eles foram constituídos autoridade por Deus para praticar o bem e coibir o mal (Rm 13.4), mas prostituíram seu mandato, venderam sua consciência por dinheiro, para oprimir de forma cruel o povo de Deus.

O fato de toda autoridade vir de Deus não diviniza o detentor do poder. Ao contrário, precisamente porque ela

O inescapável julgamento de Deus

vem de Deus é que se pode censurar essa autoridade por suas injustiças, explorações e violências.[124]

A denúncia de Miqueias aponta a corrupção do exercício da justiça nos tribunais, em função de interesses econômicos dos participantes nos julgamentos e, nos casos em que os juízes não eram diretamente envolvidos, envolvia a prática de aceitar suborno para favorecer os ricos.[125]

Eles pecaram contra a justiça (3.2a). "Os que aborreceis o bem e amais o mal."

Os magistrados inverteram os papéis. Eles fizeram exatamente o oposto daquilo que o cargo oficial exigia deles (Rm 13.1-7). Em vez de serem os agentes da justiça, tornaram-se o braço forte da corrupção. Em vez de protegerem os fracos, oprimiram-nos com requinte de maldade. Em vez de promoverem o bem e coibirem o mal, promoveram o mal e coibiram o bem.

Concordo com Zabatiero quando afirma que no âmbito judicial, amar o mal e odiar o bem corresponde a emitir sentenças injustas, favorecendo os culpados e prejudicando os inocentes.[126]

Está coberto de razão Richard Sturz quando aduz que o pecado deles não era de "indiferença". Eles tinham torcido propositadamente os valores morais.[127]

Eles pecaram contra os indefesos (3.2b-3). "[...] e deles arrancais a pele e a carne de cima dos seus ossos; que comeis a carne do meu povo, e lhes arrancais a pele, e lhes esmiuçais os ossos, e os repartis como para a panela e como carne no meio do caldeirão?" Os magistrados se tornaram canibais. Eles agiram como antropófagos.

Crabtree descreveu os homens ricos de Jerusalém como açougueiros bestiais.[128] A. Maillot faz uma descrição realista dessa exploração, comparando-a com o repasto dos animais selvagens e das aves de rapina; um desses repastos no qual, após arrancar a pele, tira-se o último pedaço de carne dos ossos que, em seguida, são quebrados para se aproveitar também a medula. Cães não fariam tanto.[129]

Os magistrados civis viram o povo de Deus não como ovelhas a quem deviam apascentar, mas como ovelhas a quem deviam arrancar a lã, comer a carne e lhe quebrar os ossos. Essa é uma linguagem nua e crua que retrata a crueldade com que os ricos magistrados tratavam os pobres. Estes, sendo oprimidos e injustiçados, ao recorrerem a tribunais para se defender contra a opressão, nada encontravam a não ser mais opressão. Como resultado dessa corrupção dos tribunais, os pobres são como que esfolados, cozidos e devorados por aqueles que deveriam defender o seu direito. Assim, as pessoas investidas de autoridade para impedir a injustiça acabam participando do próprio crime que deveriam coibir.[130]

Quando o valor maior da vida de uma pessoa ou de uma comunidade é o dinheiro, quando se vive tão somente em função do ganho, a sensibilidade se esvai e entra em colapso. Então, o ser humano nada mais vale. O que vale é sua utilidade, como arrancar alguma coisa dele. Essa é a triste realidade de uma sociedade que abandonou os preceitos de Deus, alerta Isaltino Filho.[131]

Em segundo lugar, *a punição pela qual serão julgados* (3.4). "Então, chamarão ao Senhor, mas não o ouvirá; antes, esconderá deles a sua face, naquele tempo, visto que eles fizeram mal nas suas obras.". Ainda que os criminosos escapem do braço da justiça humana, jamais escaparão da justiça divina. Ainda que fiquem impunes nos tribunais da terra, jamais serão inocentados no tribunal de Deus. O salário do pecado é a morte e os merecedores desse salário jamais deixarão de recebê-lo com juros e correção. A punição dos magistrados tem duas características:

A punição é inevitável (3.4a). Quando o mal é cometido, ele desencadeia uma consequência inevitável sobre aquele que o comete. Miqueias diz: "Então, chamarão ao Senhor, mas não o ouvirá." Nesse dia, os amantes do mal é que se verão em uma situação de "vítimas de canibalismo", na qual terão de gritar por socorro ao Senhor. Entretanto, não serão atendidos.[132]

A punição é proporcional à culpa (3.4b). Os magistrados não ouviram o clamor do povo, ao contrário, abandonaram-nos e oprimiram-os. Pois eles colherão o que semearam. Deus lhes pagará na mesma moeda. Eles não deram ouvidos ao clamor dos pobres, agora, Deus se recusará a dar ouvidos ao clamor deles (Pv 21.13). Miqueias destaca duas coisas que eles terão de enfrentar no dia da calamidade:

Primeiro, o silêncio de Deus (3.4a). Eles chamarão o Senhor, mas o Senhor não os ouvirá. Eles gritarão por Deus, mas nenhuma voz divina lhes penetrará nos ouvidos. O juízo mais duro será o silêncio pesado do Deus a quem ofenderam (Is 59.1,2).[133]

Segundo, o abandono de Deus (3.4b). Eles buscarão a Deus no dia da angústia, mas o Senhor esconderá deles a sua face e permitirá que pereçam em suas iniquidades, visto que eles fizeram o mal em suas obras. Quando chegar o dia do juízo de Deus, o tempo da graça e da paciência terá se esgotado. Porque o tempo da graça foi desperdiçado, a ira se mostra aterradora.[134]

O julgamento contra os falsos profetas (3.5-8)

O profeta Miqueias, após denunciar os magistrados civis, volta suas baterias contra os falsos profetas.

James Wolfendale está certo quando diz que já é uma grande tragédia estar debaixo do governo de homens injustos, mas pior do que isso é ser guiado por falsos profetas.[135]

O primeiro a pregar contra os falsos profetas foi Micaías (1Rs 22). No Novo Testamento tanto Paulo (Cl 2.8) quanto Pedro (2Pe 2.1-3) e Judas (Jd 8-19) advertem contra os falsos mestres. Digno de observar é o fato de que esses homens não se consideravam falsos profetas. Muito ao contrário, eles acreditavam que eram homens de Deus, inspirados.[136]

Miqueias fala tanto dos pecados desses falsos profetas quanto do julgamento de Deus sobre eles. Ouçamos Miqueias:

Em primeiro lugar, *os pecados dos falsos profetas*. Miqueias destaca dois graves pecados que esses mensageiros da conveniência cometeram.

Eles foram falsos quanto a seu ensino (3.5a). "Assim diz o Senhor acerca dos profetas que fazem errar o meu povo."

Havia uma classe de profetas em Jerusalém que davam sustentação aos corruptos que se instalaram no poder. Zabatiero diz que esses profetas eram "agentes ideológicos do Estado".[137] Eram profetas da conveniência. Eles não tinham palavra de Deus, mas pregavam como se fossem os legítimos representantes do Altíssimo. Assim, em vez de conduzir o povo à verdade, eles induziam o povo ao erro de Deus. A teologia deles estava errada. Eram heterodoxos e hereges.

Charles Feinberg acrescenta que eles desencaminhavam o povo ao não denunciar os pecados destes que provocavam o desagrado de Deus. Eles levavam o povo de Deus à complacência e à segurança carnal, em vez de declarar sem temor a verdade e a vontade de Deus. Lisonjeavam o povo e o estimulava em seus pecados.[138]

É conhecida a advertência de Charles Spurgeon: "Um ministro infiel é o maior instrumento de Satanás dentro da igreja".

Eles foram mercenários quanto a sua motivação (3.5b). "[...] e que clamam: Paz, quando têm o que mastigar, mas apregoam guerra santa contra aqueles que nada lhes metem na boca." Aqui fica visível o caráter interesseiro desses profetas. O que sai de suas bocas depende do que entra por elas.[139]

Esses profetas amavam não a Deus, mas a si mesmos. Eles não serviam ao povo, mas aos próprios interesses.[140] A motivação deles não era pregar com fidelidade a palavra de Deus, mas se locupletarem, fazendo do ministério uma fonte de lucro. O dinheiro era o vetor que governava a vida deles. Pregavam por dinheiro. Se havia dinheiro entrando no bolso deles, tinham palavras prenhes de esperança para o povo. Se o pão lhes era retirado da boca, ameaçavam o povo com guerra santa.

Em segundo lugar, *o julgamento de Deus sobre os falsos profetas* (3.6,7). Miqueias aponta três juízos divinos sobre os falsos profetas:

Eles terão trevas em vez de luz (3.6). "Portanto, se vos fará noite sem visão, e tereis treva sem adivinhação; por-se-á o sol sobre os profetas, e sobre eles se enegrecerá o dia." Os que cegaram os olhos e a mente do povo serão afligidos com a noite, com as trevas, com o negrume.[141]

Calvino disse que aqueles que mantiveram o povo nas trevas, agora, Deus os trará para dentro das trevas.[142]

A luz da verdade e da esperança se apagará por completo sobre esses pregoeiros da conveniência no dia da calamidade. Suas mensagens pejadas de falsa esperança cairão no

MIQUEIAS – a justiça e a misericórdia de Deus

total descrédito quando a mão de Deus pesar sobre Jerusalém. O falso consolo da falsa profecia será completa escuridão no dia do aperto.

Zabatiero tem razão quando diz que a comparação do conhecimento e da sabedoria com a luz era muito comum no Antigo Oriente. Afirmar que os profetas perderão a luz e o sol, ou seja, ficarão entregues às trevas, corresponde à afirmação de que deixarão de receber mensagens da parte de Deus, tornar-se-ão ignorantes e incapazes de conhecer os caminhos da vida. Por conseguinte, perderiam o respeito e a influência que possuíam perante o povo.

Eles terão vergonha em vez de honra (3.7a). "Os videntes se envergonharão." Aqueles profetas que faziam vista grossa ao pecado, que se calavam por conveniência, que omitiam a verdade para não constranger os poderosos na prática vil de seus crimes execrandos e que profetizavam por dinheiro seriam completamente envergonhados. Chegaria o dia em que suas falsas profecias seriam desmascaradas. Chegaria o momento em que suas previsões otimistas seriam reduzidas à desgraça. A opulenta Jerusalém seria destroçada. Seus ricos magistrados teriam seus tesouros pilhados, as casas destruídas e suas famílias arrastadas como escravos para a Babilônia.

Eles terão confusão em vez de resposta de Deus (3.7b). "[...] e os adivinhadores se confundirão; sim, todos eles cobrirão o seu bigode, porque não há resposta de Deus." Os falsos profetas se confundirão e a falsa profecia se cobrirá de opróbrio, porque no dia da angústia, os céus estarão em silêncio. Os profetas mercenários cobrirão o seu bigode em sinal de vergonha, porque naquele dia sua máscara será retirada, sua teologia falsa será desnudada, e suas motivações torpes serão expostas.

A expressão "cobrir o bigode" é tanto uma atitude expressiva do luto (Ez 24.17) quanto um requisito exigido dos leprosos (Lv 13.45). É esse o clímax da ameaça contra os falsos profetas: ficarão vivos, mas em espírito enlutado; permanecerão buscando a resposta de Deus, mas não mais a encontrarão. Terão a aparência da santidade, mas serão de fato reconhecidos como impuros e separados de Deus como se estivessem leprosos.[143]

Richard Sturz ainda comenta: "Quando Deus retém sua resposta, o resultado é uma experiência traumática, igual à da morte de um ente querido".[144]

Em terceiro lugar, *o exemplo confrontador do verdadeiro profeta* (3.8). Depois de apontar os pecados dos falsos profetas e anunciar o juízo divino sobre eles, Miqueias mais uma vez os reprova, contrastando seu ministério fiel com a apostasia deles. A vida e o ministério de Miqueias eram um libelo acusatório contra as motivações e as práticas pecaminosas desses profetas mercenários. O ministério de Miqueias foi distinguido por dois elementos vitais:

O ministério de Miqueias foi marcado por poder (3.8a). "Eu, porém, estou cheio do poder do Espírito do Senhor." Miqueias não prega movido pela energia da carne; ele prega pelo poder do Espírito Santo. Ele não está cheio de ganância como os falsos profetas; está cheio do Espírito do Senhor. Miqueias não está dominado pela fraqueza dos interesses mesquinhos e imediatos; está governado pelo poder que vem do alto. Porque Miqueias teme a Deus, ele não tem medo dos poderosos deste mundo. Os falsos profetas estavam cheios de avareza; Miqueias está cheio do Espírito Santo. Os falsos profetas eram governados por uma incorrigível fraqueza moral; Miqueias era dirigido pelo poder que vem do Altíssimo.

O ministério de Miqueias foi marcado por coragem (3.8b). "[...] cheio de juízo e de força, para declarar a Jacó a sua transgressão e a Israel, o seu pecado."

Miqueias é um homem corajoso. Ele prega não para agradar, mas para confrontar. Ele prega não para alimentar o sistema da corrupção, mas para desmantelá-lo. Ele prega não para arrancar aplauso dos homens, mas para levá-los às lágrimas do arrependimento. Ele prega não para entretê-los em seus pecados, mas para salvar suas almas do inferno. Porque Miqueias está cheio do poder do Espírito Santo, ele não tem medo de homens. Porque sua capacitação vem do alto, ele não teme a retaliação dos poderosos.

A palavra hebraica *gibbôr,* traduzida por "força", significa guerreiro e transmite o sentido de coragem moral. Uma das coisas que tornavam "falsos" os outros profetas era a ausência da fibra moral necessária para falar a verdade à clientela.[145]

O julgamento contra a violência institucionalizada (3.9-12)

Miqueias toca, agora, o cerne da ferida e desmascara a quadrilha de criminosos que havia se instalado no poder, num esquema perverso e cruel para explorar o povo. Nessa quadrilha haviam se ajuntado os magistrados civis, os sacerdotes e os falsos profetas. A política e a religião estavam de mãos dadas pelos piores motivos.

Nessa mesma linha de pensamento, Armor Peisker, citando James Wolfendale, escreve:

> Quando os mestres corrompem a doutrina e os pregadores retêm o evangelho; quando reis e príncipes pervertem a equidade e negligenciam os deveres especiais para cuja defesa foram empossados, envenenam o curso da vida e o transformam em fonte de morte.[146]

Ouçamos a voz de Miqueias:

Em primeiro lugar, *os denunciados são apontados* (3.9a). "Ouvi, agora, isto, vós, cabeças de Jacó, e vós, chefes da casa de Israel." Os chefes dessa quadrilha criminosa eram os magistrados civis, o time do primeiro escalão do governo. Eles haviam se instalado confortavelmente no poder não para prover o bem ou cuidar do povo, mas para armar esquemas vergonhosos para assaltar o direito do povo, deixando-o cada vez mais pobre, enquanto eles se refestelavam nababescamente com as riquezas injustas.

Em segundo lugar, *a perversão moral dos denunciados é exposta* (3.9b). "[...] que abominais o juízo, e perverteis tudo o que é direito." Os cabeças e chefes estavam vivendo pelo avesso. Eles se corromperam a tal ponto que inverteram a ordem das coisas. Eles deviam amar o juízo e fazer tudo o que era direito; porém, abominaram o juízo, e perverteram tudo o que era direito. Eles se corromperam em grau superlativo. Eles não apenas se despojaram dos verdadeiros valores morais, mas se vestiram com as roupagens da violência.

Em terceiro lugar, *a denúncia é apresentada* (3.10). "E edificais a Sião com sangue e a Jerusalém, com perversidade." No capítulo anterior vimos como os ricos urdiam planos para tomar as terras e as casas dos camponeses (2.1,2). Enquanto o povo trabalhava desesperadamente para pagar os pesados tributos estrangeiros, bem como os abusivos impostos nacionais, uma classe de ricos exploradores acumulava mais e mais riquezas, juntando casa a casa e campo a campo (Is 5.8). A cidade tinha lindos palácios, mansões magnificentes, torres soberbas e luxo esplêndido. Todavia, a que preço? A preço de sangue! Miqueias denuncia que toda essa pompa estava sendo construída com sangue e com perversidade, ou seja, mediante extorsão e roubo. À custa de miséria humana, de ais e de assassínios eles estavam erigindo, para si mesmos, majestosas moradias (Jr 22.13; Ez 22.27; Hc 2.12).[147]

Os ricos estavam não só tomando os bens dos pobres, mas, também, os destruindo (3.2,3). Os chefes e cabeças de Jerusalém agiam como canibais. Eram mais selvagens do que as feras do campo. Quando Miqueias viu a magnificente cidade de Jerusalém não ficou extasiado com os palácios e luxuosas casas, mas chocado com o sofrimento humano que fazia parte da construção da cidade.

Concordo com A. Maillot quando diz que a estabilidade de um país, de um regime, de um governo, de uma cidade se mede pela honestidade de seus magistrados, pelo seu desprendimento em relação aos poderosos, à moda, e ao dinheiro.[148]

Em quarto lugar, *a quadrilha criminosa é desmascarada* (3.11). Miqueias dá nome aos bois. Ele chama a imprensa para uma coletiva e desmantela o esquema de corrupção que se instalara nos corredores do poder e nos pátios do templo. Quais eram os criminosos que faziam parte dessa quadrilha?

Os membros do poder judiciário (3.11a). "Os seus cabeças dão sentença por suborno." Os cabeças eram os membros da alta classe de dirigentes que combinavam funções civis e militares.[149] Também eram os encarregados de fiscalizar as leis para que a justiça fosse feita. Contudo, esses mesmos torciam as leis para que a injustiça prevalecesse.

O direito do justo era negado. O inocente saía derrotado dos tribunais. Os poderosos corruptos, blindados pela armadura do poder econômico, escapavam ilesos. O poder judiciário estava a serviço de seus nefastos interesses.

Richard Sturz diz que o juiz determinava a sentença com base no lance mais alto, mesmo sabendo que essa prática já tinha sido proibida na lei de Deus (Êx 23.8; Dt 16.19).[150]

Os sacerdotes, ministros do templo (3.11b). "[...] os seus sacerdotes ensinam por interesse." A corrupção tinha descido dos palácios e entrado nos corredores do templo. A política havia infectado a religião. Os sacerdotes, que tinham a incumbência de ensinar a lei de Deus (Os 4.6; Ml 2.7,8), abraçaram uma falsa teologia e estavam ensinando por interesse. A integridade teológica dos sacerdotes sucumbiu ao poder do lucro. O dinheiro prevaleceu sobre a verdade. Em vez de serem ministros de Deus, os sacerdotes tornaram-se mercenários. Em vez de denunciar os pecados da liderança, os sacerdotes se uniram a eles para apressar a destruição do povo.

Os profetas, os arautos de Deus (3.11c). "[...] e os seus profetas adivinham por dinheiro."

Richard Sturz diz que sob a monarquia, a liderança tanto civil (anciãos da cidade) quanto religiosa (sacerdotes) era determinada pelo nascimento (hereditariedade). Os profetas, contudo, representavam um ministério carismático. Eram homens levantados por Deus para proclamar sua palavra. Eles eram reconhecidos pelo Estado, mas ficavam fora dos vínculos hereditários.[151]

Miqueias está, agora, acentuando que até mesmo esses arautos se curvaram à sedução do lucro. Até mesmo os profetas prostituíram seu ministério, sonegando ao povo a palavra de Deus e dando a ele o caldo venenoso da mentira e do engano. Em vez de chamar o povo ao arrependimento, deu-lhe um calmante para anestesiá-lo em seus pecados, e isso, às portas do juízo.

Em quinto lugar, *a motivação da quadrilha é revelada* (3.11). "Os seus cabeças dão as sentenças por suborno, os seus sacerdotes ensinam por interesse, e os seus profetas adivinham por dinheiro." Nos dias de Miqueias só por dinheiro o homem podia receber o serviço do juiz, do sacerdote e do profeta.[152]

O vetor que governava a vida desses membros da quadrilha era o amor ao dinheiro. Eles cometeram esses crimes abomináveis por amor ao lucro. Eles eram avarentos e idólatras. O deus deles era o dinheiro.

O dinheiro ainda hoje é o ídolo mais adorado no mundo. A maioria das pessoas é devota desse deus. Milhões de pessoas se prostram no altar de mamom todos os dias. Essa adoração idólatra está presente nos corredores dos palácios e também nos templos religiosos.

A. Maillot diz que o dinheiro que compra tudo e pelo qual se vende tudo – homens, direito, juízes, pobres, sacerdotes, palavra – e que pretende comprar o próprio Deus, é o maior e o mais temível concorrente de Deus. Eles introduziram na cidade santa outro senhor, mamom, que a tudo e a todos corrompeu, por isso, o Senhor, o verdadeiro Senhor se retirou da cidade e a entregou nas mãos de seus inimigos.[153]

Em sexto lugar, *a falsa teologia da quadrilha é desmascarada* (3.11d). "[...] e ainda se encostam ao Senhor, dizendo: Não está o Senhor no meio de nós? Nenhum mal nos sobrevirá". Essa quadrilha criminosa não compreendeu o caráter de Deus nem a natureza da sua aliança. Os líderes políticos e religiosos foram enganados pela sedução do dinheiro e pela falsa teologia. Mesmo na prática de seus crimes, eles mantinham uma orgulhosa e infundada confiança na presença do Senhor (Jr 7.4,8-11). Essa vanglória

O inescapável julgamento de Deus

equivalia a alegar que Deus os estava abençoando em seus caminhos ímpios.[154]

Eles alimentaram a falsa pressuposição de que Deus estaria do lado deles sob quaisquer condições. Todavia, Deus é santo e justo e ele não pode contemplar o mal. Ele não pode aprovar a injustiça nem ficar indiferente diante da opressão.

Enganam-se aqueles que reduzem Deus a um lugar sagrado, como se ele só se interessasse ou se só importasse com a liturgia do culto. Deus se importa também com o que acontece nos corredores dos palácios e nas altas rodas do poder econômico. Ele é Deus de toda a terra, de todos os setores da sociedade e juiz de todos os homens. Os pecadores não ficarão impunes. Deus não inocentará o culpado.

Em sétimo lugar, *o juízo inevitável de Deus é anunciado* (3.12). "Portanto, por causa de vós, Sião será lavrada como um campo, e Jerusalém se tornará em montões de ruínas, e o monte do templo, numa colina coberta de matos."

Miqueias choca a cidade de Jerusalém, a Salém de Melquisedeque, a cidade de Davi, pois anuncia sua queda num tempo em que sua segurança parecia inexpugnável e sua militarização alcançara o apogeu.

A mesma Jerusalém que fora poupada de forma milagrosa das mãos de Senaqueribe, rei da Assíria, seria entregue nas mãos de Nabucodonosor, rei da Babilônia. O mesmo Deus que poupou Jerusalém da Assíria entregaria Jerusalém à Babilônia. A causa dessa tragédia era o pecado escandaloso da liderança política e religiosa. A mesma destruição que viera sobre Samaria (1.6) também alcançaria Jerusalém (3.12). Os seus esforços econômicos, religiosos e militares não teriam o resultado que esperavam. Eles edificaram

Jerusalém com sangue, por isso, nem mesmo o templo poderia salvá-los da destruição. A destruição seria completa, inevitável e irremediável.

Warren Wiersbe chama a atenção para o fato de que a devastação de Jerusalém, a destruição do templo e a deportação do povo para o cativeiro aconteceram por causa dos pecados de sua liderança política e religiosa (3.12a).

O profeta Jeremias corroborou com essa mesma tese, ao escrever: "Foi por causa dos pecados dos seus profetas, das maldades dos seus sacerdotes que se derramou no meio dela o sangue dos justos" (Lm 4.13). Por isso, Miqueias começou sua profecia repreendendo os líderes espirituais da terra, e não os incrédulos. Se Miqueias estivesse ministrando em nosso meio, nos dias de hoje, é provável que tivesse visitado os templos religiosos, os escritórios das denominações, os congressos de pastores, os seminários e os institutos bíblicos para advertir os líderes cristãos de que o privilégio traz consigo a responsabilidade, e a responsabilidade implica em prestação de contas.[155]

Notas do capítulo 4

[115] CALVINO, João. *Commentaries on the minor prophets*, p. 25.

[116] STURZ, Richard J. *Miqueias* em *Obadias, Jonas, Miqueias, Naum, Habacuque e Sofonias*, p. 214,215.

[117] WIERSBE, Warren W. *Comentário bíblico expositivo*. Vol. 4, p. 489.

[118] ZABATIERO, Julio Paulo Tavares. *Miqueias: voz dos sem-terra*, p. 66,67.

[119] MAILLOT, A. e LELIÈVRE, A. *Atualidade de Miqueias*, p. 73.

[120] MAILLOT, A. e LELIÈVRE, A. *Atualidade de Miqueias*, p. 73.

[121] MAILLOT, A. e LELIÈVRE, A. *Atualidade de Miqueias*, p. 75.

[122] MAILLOT, A. e LELIÈVRE, A. *Atualidade de Miqueias*, p. 75.

[123] STURZ, Richard J. *Miqueias* em *Obadias, Jonas, Miqueias, Naum, Habacuque e Sofonias*, p. 217.

[124] MAILLOT, A. e LELIÈVRE, A. *Atualidade de Miqueias*, p. 74.

[125] ZABATIERO, Júlio Paulo Tavares. *Miqueias: Voz dos sem-terra*, p. 67,68.

[126] ZABATIERO, Júlio Paulo Tavares. *Miqueias: Voz dos sem-terra*, p. 68.

[127] STURZ, Richard J. *Miqueias* em *Obadias, Jonas, Miqueias, Naum, Habacuque e Sofonias*, p. 217.

[128] CRABTREE, A. R. *Profetas menores*, p. 150.

[129] MAILLOT, A. e LELIÈVRE, A. *Atualidade de Miqueias*, p. 76.

[130] ZABATIERO, Júlio Paulo Tavares. *Miqueias: Voz dos sem-terra*, p. 68,69.

[131] COELHO FILHO, Isaltino Gomes. *Os profetas menores II*, p. 33.

[132] ZABATIERO, Júlio Paulo Tavares. *Miqueias: Voz dos sem-terra*, p. 69.

[133] STURZ, Richard J. *Miqueias* em *Obadias, Jonas, Miqueias, Naum, Habacuque e Sofonias*, p. 218,219.

[134] FEINBERG, Charles L. *Os profetas menores*, p. 164.

[135] WOLFENDALE, James. *The preacher's complete Bible commentary.* Vol. 20. Baker Books. Grand Rapids, MI, 1996, p. 416.

[136] STURZ, Richard J. *Miqueias* em *Obadias, Jonas, Miqueias, Naum, Habacuque e Sofonias*, p. 219.

[137] ZABATIERO, Júlio Paulo Tavares. *Miqueias: Voz dos sem-terra*, p. 72.

[138] FEINBERG, Charles L. *Os profetas menores*, p. 164.

[139] STURZ, Richard J. *Miqueias* em *Obadias, Jonas, Miqueias, Naum, Habacuque e Sofonias*, p. 220.

[140] ZABATIERO, Júlio Paulo Tavares. *Miqueias: Voz dos sem-terra*, p. 74.

[141] FEINBERG, Charles L. *Os profetas menores*, p. 164.

[142] CALVINO, João. *Commentaries on the minor prophets*, p. 29.

[143] ZABATIERO, Júlio Paulo Tavares. *Miqueias: Voz dos sem-terra*, p. 74.

MIQUEIAS – a justiça e a misericórdia de Deus

[144] STURZ, Richard J. *Miqueias* em *Obadias, Jonas, Miqueias, Naum, Habacuque e Sofonias*, p. 221.

[145] STURZ, Richard J. *Miqueias* em *Obadias, Jonas, Miqueias, Naum, Habacuque e Sofonias*, p. 222.

[146] PEISKER, Armor D. *O livro de Miqueias* em *Comentário bíblico Beacon*. Vol. 5, p. 181.

[147] FEINBERG, Charles L. *Os profetas menores*, p. 166.

[148] MAILLOT, A. e LELIÈVRE, A. *Atualidade de Miqueias*, p. 81.

[149] STURZ, Richard J. *Miqueias* em *Obadias, Jonas, Miqueias, Naum, Habacuque e Sofonias*, p. 216.

[150] STURZ, Richard J. *Miqueias* em *Obadias, Jonas, Miqueias, Naum, Habacuque e Sofonias*, p. 223.

[151] STURZ, Richard J. *Miqueias* em *Obadias, Jonas, Miqueias, Naum, Habacuque e Sofonias*, p. 215.

[152] CRABTREE, A. R. *Profetas menores*, p. 155.

[153] MAILLOT, A. e LELIÈVRE, A. *Atualidade de Miqueias*, p. 82,83.

[154] FEINBERG, Charles L. *Os profetas menores*, p. 167.

[155] WIERSBE, Warren W. *Comentário bíblico expositivo*. Vol. 4, p. 490.

Capítulo 5

A exaltação da igreja de Deus
(Mq 4.1-13)

Os capítulos 4 e 5 de Miqueias diferem profundamente dos três primeiros. Nos três primeiros capítulos, Miqueias tratou das mazelas do povo da aliança e o julgamento do Senhor sobre Israel e Judá; nos capítulos 4 e 5, ele tratará da exaltação inaudita desse povo numa visão de um futuro glorioso.

Armor Peisker diz que em dias maus de discórdia e guerra, Miqueias falava de um tempo de paz entre as nações. Em contraste com as situações sórdidas que o cercavam e apesar do medo dos julgamentos que sobreviriam ao povo de Deus, Miqueias ergue o olhar e vê um quadro luminoso de glória futura.[156]

Preliminarmente, precisamos destacar três pontos, antes de entrarmos na exposição do texto.

Em primeiro lugar, *a semelhança com o relato de Isaías*. Miqueias 4.1-3 e Isaías 2.2-4 são textos semelhantes. A questão é: qual dos dois textos veio primeiro, já que os dois profetas eram contemporâneos? Será que Miqueias copiou de Isaías ou este, daquele? Será que ambos buscaram numa fonte comum anterior a eles? Não importa! A fonte que Miqueias e Isaías se abasteceram é a mesma, a revelação de Deus. A repetição do texto apenas deve nos levar a prestar mais atenção em sua mensagem.[157]

Charles Feinberg diz acertadamente que é a inspiração do Espírito Santo que nos assegura que temos a mente de Deus nos dois casos.[158]

Em segundo lugar, *a definição da linha de interpretação*. Talvez a coisa mais importante a fazer no estudo deste capítulo seja definir sua linha de interpretação. Os dispensacionalistas veem nesse texto o cumprimento da restauração e exaltação de Israel como nação no reino milenar de Cristo sobre a terra. J. Vernon McGee, expoente do dispensacionalismo, entende que não temos o direito de espiritualizar essa passagem.[159]

A teologia reformada, entretanto, vê nessa profecia a chegada e a plenitude do Reino de Cristo. No centro dessa cena apoteótica está a igreja de Cristo, e não a nação de Israel.

Entendo que Kunstmann interpreta corretamente o texto em tela, quando afirma que Miqueias não está falando de um milênio terreno, quando Cristo governaria os seus, no monte Sião alargado. A linguagem é figurativa. Miqueias está falando da igreja de Cristo, que dominará o mundo, porque o Senhor dos céus e da terra habita nela e a governa.[160]

Gerard Van Groningen está correto ao escrever:

A exaltação da igreja de Deus

Quando Miqueias fala a respeito do retorno de um remanescente do exílio; do ministério do Messias; da reunião dos povos do mundo no corpo de Cristo e sob seu governo universal, o profeta dirige a atenção de seus ouvintes para o evento final e conclusivo: o estabelecimento do reino eterno (4.1-5).

Nesse tempo e nesse lugar, Iavé reunirá todos os povos e nações, os instruirá em seus caminhos e receberá sua adoração perfeita. Esse será um tempo de prosperidade e paz: Iavé e seu povo andarão em plena e perfeita comunhão (4.3-5).[161]

Em terceiro lugar, *as profecias cumprem-se progressivamente*. Embora o texto de Miqueias esteja falando primariamente do Reino de Judá e da restauração de Jerusalém, seu cumprimento pleno transcende a realidade física e política da cidade de Davi. O profeta está lançando os olhos para um futuro distante, em que o Filho de Davi, Jesus Cristo, assentar-se-á no trono e trará ao mundo seu reino de graça por meio da sua vida, morte e ressurreição e, finalmente, estabelecerá seu reino de glória em sua majestosa vinda.

Van Groningen corrobora esse pensamento, aduzindo que esse retorno e restauração após o exílio são usados por Miqueias como paradigma para uma reunião maior do povo de Deus no futuro mais distante.[162]

Concordo com Dionísio Pape quando expõe que o quadro panorâmico pinta a restauração final de todas as coisas (At 1.6).[163]

Isaltino Filho conclui dizendo que Miqueias, de fato, está falando da igreja porque a esperança do mundo está no Senhor dela, Jesus Cristo. Toda a visão de restauração plena do povo de Deus no Antigo Testamento se cumpre em Jesus.[164]

MIQUEIAS – a justiça e a misericórdia de Deus

O capítulo 4 de Miqueias nos enseja três grandes verdades. Vamos, agora, considerá-las.

A manifestação gloriosa da igreja (4.1-4)

Embora a descrição de Miqueias pareça geográfica e literal, seu sentido é absolutamente espiritual. Miqueias passa da ruína da Jerusalém terrena (3.12), para a glória da igreja espiritual (4.1-4).

Bruce Waltke declara:

> Assim como a antiga Jerusalém caiu por causa de seus líderes corruptos, a nova Jerusalém triunfará por causa do reinado do Messias sobre o remanescente salvo.[165]

James Wolfendale fala sobre três verdades acerca da igreja que passaremos a descrever:[166]

Em primeiro lugar, *a elevação moral da igreja* (4.1). O profeta Miqueias escreve: "Mas, nos últimos dias, acontecerá que o monte da casa do Senhor será estabelecido no cume dos montes e se elevará sobre os outeiros, e para ele fluirão os povos" (4.1).

A expressão "últimos dias" é uma descrição da era messiânica. Quando Cristo veio ao mundo, "os últimos dias" foram inaugurados. Assim, "os últimos dias" descrevem todo o período, que vai da primeira à segunda vinda de Cristo, culminando na consumação de todas as coisas. "Últimos dias" pode se referir a algo *dentro* da história ou *depois* dela.[167]

Isaltino Filho está correto quando diz que "últimos dias" aludem não a um momento cronológico, mas a um momento escatológico: o triunfo do Deus de Israel sobre os inimigos do seu povo.[168]

Vale ressaltar que a elevação do monte da casa do Senhor, ou seja, o monte Sião, não é uma elevação física, mas moral e espiritual. O profeta está usando uma figura para descrever não a exaltação do templo de Jerusalém, mas da igreja de Cristo.

Concordo com Richard Sturz quando afirma:

> Em vez de uma mudança literal na topografia, Miqueias fala do culto a Iavé acima de todos os deuses adorados nos montes ao redor. Então, Iavé será adorado em todo o mundo.[169]

Maillot está certo quando diz que Miqueias não sugere que Sião tenha uma altitude superior à de outras montanhas; trata-se da preeminência moral e religiosa de Sião sobre todas as montanhas cultuais nas quais "os pagãos serviam aos seus deuses."[170]

Crabtree, nessa mesma linha de pensamento, esclarece que não se trata aqui de mudanças geológicas e cósmicas. A elevação do monte da casa do Senhor refere-se à posição de liderança religiosa do povo de Deus.[171]

Calvino já é mais enfático. Para ele, esse texto fala do fim da igreja judia e o levantamento da igreja de Deus no mundo, como uma nova fênix que ressurge das cinzas.[172]

Duas coisas são dignas de destaque acerca da elevação moral e espiritual da igreja:

Sua posição eminente (4.1). "[...] o monte da Casa do Senhor será estabelecido no cume dos montes e se elevará sobre os outeiros." Sião será exaltada da mais profunda degradação à mais alta glória.[173]

Essa reversão da destruição profetizada em 3.12 não tem o propósito de anular aquela palavra. Ao contrário, em algum momento depois do cumprimento de 3.12, Deus fará essa reversão.[174]

O cumprimento pleno dessa profecia, entretanto, vai além da restauração da cidade de Jerusalém. Trata-se de uma profecia acerca da igreja de Cristo. A igreja de Cristo, legítima agente do reino, será elevada às alturas mais excelsas. Nenhum reino deste mundo ocupou posição tão altaneira. A igreja será como uma cidade edificada sobre o monte (Mt 5.14). A glória dessa segunda casa será maior do que a da primeira (Ag 2.9; 2Co 3.7,8). Os eleitos de Deus, remidos pelo sangue do Cordeiro, tirados do reino das trevas, da potestade de Satanás, do poder do pecado e da morte estão assentados com Cristo nas regiões celestes acima de todo principado e potestade e reinarão com Cristo pelos séculos dos séculos.

Sua inabalável posição (4.1). "[...] o monte de Casa do Senhor será estabelecido." Em 3.12, o monte seria meramente um lugar para animais, indesejável para pessoas. Aqui se estabelece um fortíssimo contraste: o monte da casa de Iavé será inabalável e reinará supremo no mundo religioso das nações.[175]

A igreja é estabelecida por Deus e não por qualquer poder ou esforço terreno. Jesus disse: "Eu edificarei a minha igreja e as portas do inferno não prevalecerão contra ela" (Mt 16.18). A igreja está edificada sobre a rocha. Sua posição é inabalável. Cristo, o Messias, portanto, é o fundamento, o edificador, o dono e o protetor da igreja.

Em segundo lugar, *o poder atrativo da igreja* (4.2,3). Miqueias descreve quatro pontos importantes sobre o poder atrativo da igreja de Cristo.

A igreja é um lugar de acolhimento sem fronteiras raciais (4.1). "[...] e para ele afluirão os povos." A igreja é suprarracial, internacional e universal. Ela reúne sob suas asas os judeus e os gentios. Nela estão congregados todos os que foram comprados pelo sangue do Cordeiro, procedentes de toda tribo, língua, povo e nação (Ap 5.9). Essa igreja é aberta a todos. Ela tem portas abertas para todos os lados e recebe a todos sem acepção.

A igreja é um lugar de instrução (4.2).

> Irão muitas nações e dirão: Vinde, e subamos ao monte do Senhor e à casa do Deus de Jacó, para que nos ensine os seus caminhos, e andemos pelas suas veredas; porque de Sião procederá a lei, e a palavra do Senhor, de Jerusalém.

Não apenas a igreja é enviada às nações para fazer discípulos (Mt 28.19), também as nações buscam a igreja para ser ensinadas. Nenhuma instituição terrena tem autoridade e competência para ensinar a Palavra de Deus a não ser a igreja de Cristo. Ela é a embaixadora de Deus na terra. A ela, e não aos anjos ou potentados da terra, foi confiado o privilégio de instruir os povos na palavra.

Na igreja o conhecimento da Palavra deve ser difundido. O Messias é a verdadeira luz que ilumina todos os homens. Ele é a luz do mundo. Aonde sua influência chega há luz. Sua doutrina dissipa a escuridão do erro, da superstição e da idolatria. A luz do seu conhecimento deve brilhar mais e mais até ser dia perfeito. Esse conhecimento deve se expandir até que a terra se encha do conhecimento do Senhor, como as águas cobrem o mar (Is 11.9).[176]

A igreja é lugar de obediência à Palavra (4.3). "[...] e andemos pelas suas veredas." A conexão entre essa sentença e a anterior é muito estreita. Todo verdadeiro conhecimento tem como propósito a transformação da vida. O conhecer e o fazer estão intimamente relacionados (Jo 13.17). Onde a influência da verdade é sentida, aí a transformação da vida é percebida.[177]

A igreja aplica-se não apenas ao ensino da Palavra, mas, também, à sua observância. O conhecimento precisa desembocar em obediência.

A igreja é o lugar da morada de Deus (4.2). "[...] subamos ao monte do Senhor e à casa do Deus de Jacó." No Antigo Testamento, Deus habitava no tabernáculo (Êx 25.8) e, depois, no templo (2Cr 7.16). Todavia, agora, no Novo Testamento, Deus habita no crente individualmente (1Co 6.19) e, sobretudo, na igreja (1Co 3.17). As nações buscam a igreja não porque os homens habitam nela, mas porque Deus habita nela.

Em terceiro lugar, *a ação transformadora de Deus na história dos povos* (4.3,4). Até aqui Miqueias descreveu quem a igreja é; agora, passará a descrever o que o Deus da igreja faz. Destacamos quatro ações poderosas de Deus:

Deus julga e corrige os povos (4.3). "Ele julgará muitos povos e corrigirá nações poderosas e longínquas." Deus usou as nações poderosas para disciplinar o povo da aliança; agora, Deus julgará e corrigirá essas nações. Quem dirige a história é Deus. Ele é o agente do começo ao fim, quer nos atos disciplinadores, quer nas intervenções de restauração.

Deus faz cessar as guerras entre os povos (4.3). "[...] estes converterão as suas espadas em relhas de arados e suas lanças, em podadeiras; uma nação não levantará a espada contra outra nação, nem aprenderão mais a guerra.".

A paz não é resultado da intervenção militarista e armamentista das nações. A paz não vem como resultado dos decretos humanos. A paz só pode vir como intervenção de Deus.

A história da humanidade é a história das guerras. Há guerras fratricidas e guerras étnicas. Há guerras políticas e guerras ideológicas. Há guerras de cunho econômico e por interesses religiosos.

Crabtree diz que esse é o primeiro e o mais brilhante ideal de desarmamento na literatura do mundo. Com o

A exaltação da igreja de Deus

término da guerra, o homem não se preocupará mais com a necessidade de treinar a nova geração na arte maligna de matar o seu semelhante.[178]

Miqueias está dizendo que não só a política seria mudada, também a ideologia seria transformada, pois não mais se ensinaria a guerra.[179]

O desarmamento era o sonho da Liga das Nações após a Primeira Guerra Mundial e da ONU depois da Segunda Guerra Mundial. Pois, Miqueias antevê um desarmamento total das superpotências, coisa que só Deus é capaz de realizar. A paz mundial prevista aqui não é uma paz obtida pelo poderio militar de Judá, mas sim pelo reconhecimento mundial da soberania de Iavé.[180]

A condição para a "paz", criada desde tempos antigos até a atualidade, é o medo da derrota para um inimigo mais forte. Assim, a paz torna-se a justificativa da guerra. Contudo, a paz só se estabelece mediante a justiça. Os exércitos de Iavé não são os que carregam armas, mas, sim, os que carregam ferramentas e lutam contra a morte, a injustiça e a opressão.[181]

Maillot diz que virá o tempo no qual o que servia para a morte servirá para a vida. A arte desenvolvida para causar a morte será usada para consolidar a vida. A guerra, tanto entre as nações quanto entre os indivíduos, será banida. As escolas de guerra, escárnio da humanidade, serão fechadas. O homem aprenderá tudo, menos a combater e a odiar.[182]

Precisamos erguer a voz e dizer em alto e bom som que somente o evangelho destrói a barreira do ódio. O evangelho traz a paz pelo sangue da cruz. O evangelho promove a paz com Deus e entre os homens. No reino de Cristo, a política militarista e armamentista perde sua força. Quando o Messias subjugar todos os seus inimigos e entregar o reino ao Deus e Pai, a paz será completa, perfeita e eterna! Isaltino Filho corrobora dizendo que esse tempo de paz virá com o triunfo do Messias.[183]

Deus traz segurança e prosperidade aos povos (4.4). "Mas assentar-se-á cada um debaixo da sua videira e debaixo da sua figueira, e não haverá quem os espante, porque a boca do Senhor dos Exércitos o disse."

A inquietação e a insegurança da invasão, a espoliação e a exploração do forte sobre o fraco acabarão. A segurança e a prosperidade não são uma intervenção humana, mas uma ação divina. As ideologias políticas fracassaram em promover a paz. As religiões não conseguiram ser agentes da paz. Só o evangelho de Cristo promove a paz. Só por meio do sangue da cruz de Cristo temos paz com Deus, com nós mesmos e com o próximo.

Deus chama dentre os povo um povo para si (4.5). "Porque todos os povos andam, cada um em nome do seu deus; mas, quanto a nós, andaremos em o nome do Senhor, nosso Deus, para todo o sempre."

O sentimento religioso é universal. Há povos sem governos e sem leis, mas não há povos sem religião. Até o ateísmo é uma religião. O homem é um ser religioso, ele sempre prestará sua devoção a uma divindade. Quem não adora o Deus vivo inevitavelmente se curvará diante de um ídolo.

Dentre os povos que andam em nome do seu deus, Deus chama um povo para conhecê-lo, amá-lo e servi-lo. Esse povo passa a andar em nome do Senhor, e isso com inegociável perseverança.

Miqueias reconheceu que as nações continuariam a prática das suas várias religiões até nos últimos dias.

Todavia, o povo do Senhor permanecerá fiel, não obstante a idolatria das nações.[184]

Segundo Charles Feinberg, existe aqui um contraste entre a adoração transitória de ídolos e a eterna adoração a Deus.[185]

A restauração milagrosa da igreja (4.6-8)

Miqueias vê tanto a restauração de Judá do cativeiro babilônico quanto a restauração e reunião de todas as ovelhas de Cristo dispersas pelo mundo. Algumas verdades devem ser observadas:

Em primeiro lugar, *o agente da restauração* (4.6). O profeta Miqueias escreve: "Naquele dia, diz o Senhor, congregarei os que coxeiam e recolherei os que foram expulsos e os que eu afligira". O mesmo Deus que entregara seu povo nas mãos dos caldeus, agora, os restaura do cativeiro. O mesmo Deus que faz a ferida é o que a cura. O mesmo Deus que disciplina é o que restaura.

Richard Sturz está correto quando diz que os profetas entendiam que Deus é o agente da história, embora utilize as nações como instrumento para executar sua vontade.[186]

Em segundo lugar, *os objetos da restauração* (4.6,7). Miqueias prossegue: "[...] congregarei os que coxeiam e recolherei os que foram expulsos e os que eu afligira. Dos que coxeiam farei a parte restante e dos que foram arrojados para longe, uma poderosa nação."

O povo da aliança não se restaurou; foi restaurado. A força que os levantou não veio de dentro deles, mas de cima, do alto, de Deus. Não era uma questão de autoajuda, mas de ajuda do alto. Miqueias descreve o povo restaurado de três formas:

Eles eram moralmente fracos (4.6,7). Deus congrega os que coxeiam e faz deles o seu remanescente. Miqueias não está se referindo a um defeito físico, mas a uma deficiência moral. Não se trata de uma doença do corpo, mas de uma deformação moral. Não fomos restaurados por causa dos nossos méritos, mas apesar dos nossos deméritos. Torna-mo-nos povo de Deus não por causa dos nossos predicados espirituais, mas apesar das nossas mazelas.

Eles estavam irremediavelmente desterrados (4.6). Deus congrega os que foram expulsos. Os judaítas foram banidos da sua cidade e da sua nação. Eles perderam sua liberdade, seus bens, sua família e foram levados cativos para a Babilônia. Do amargo desterro, Deus os tirou e os trouxe de volta à sua terra como o remanescente fiel.

Assim, Deus também nos tirou do cativeiro do pecado, do reino das trevas, da potestade de Satanás e nos fez seu povo, povo de sua propriedade exclusiva.

Eles estavam gravemente feridos (4.6). Deus congrega e restaura aqueles que ele mesmo afligira. Aqueles que foram alvos da sua ira são, agora, objetos da sua misericórdia. Naqueles, a quem Deus havia aplicado a vara da disciplina, agora, Deus usa o cajado da restauração. Nas mesmas pessoas, a quem Deus havia feito a ferida, agora, ele aplica o bálsamo da cura.

Em terceiro lugar, *as bênçãos da restauração* (4.7,8). Miqueias conclui:

> Dos que coxeiam farei a parte restante e dos que foram arrojados para longe, uma poderosa nação; e o Senhor reinará sobre eles no monte Sião, desde agora e para sempre. A ti, ó torre do rebanho, monte da filha de Sião, a ti virá; sim, virá o primeiro domínio, o reino da filha de Jerusalém.

A exaltação da igreja de Deus

Miqueias enumera várias bênçãos decorrentes da restauração.

Os restaurados serão exaltados completamente (4.7). Os aleijados existenciais, os manco morais, e os coxos espirituais serão curados, restaurados e feitos povo de Deus. Os que estavam dispersos, espalhados pelo mundo, Deus os congregará para fazer deles uma poderosa nação. O que se destaca, diz Richard Sturz, é a transformação causada pelo poder de Deus: de párias, passam a uma poderosa nação.[187]

Assim como Deus congregou e restaurou o povo de Israel de amargo cativeiro, assim, também, ele nos congrega, restaura, fazendo da igreja uma poderosa nação. A restauração do povo da aliança é obra de Deus. É ele quem entrega seu povo para o cativeiro para discipliná-lo, mas, também, é ele quem o tira do cativeiro para restaurá-lo.

Os restaurados serão protegidos perpetuamente (4.7). O Senhor reinará sobre eles perpetuamente no monte Sião, desde agora e para sempre. Entraremos para um reino seguro, invencível e eterno. Estaremos debaixo da autoridade do Rei dos reis. Ele governará sobre nós no tempo e na eternidade, desde agora e para sempre. Jamais seremos desalojados do seu reino. Nunca seremos banidos da sua presença. Ninguém poderá nos arrancar das mãos daquele que governa o universo. Temos perpétua segurança e proteção.

Os restaurados serão recompensados regiamente (4.8). O Rei dos reis, com seu reino de graça, poder e glória, reina para sempre a partir de Sião. O trono do rei está em Sião. O trono de Cristo está na igreja. Ele reina na igreja e a partir da igreja. A igreja é a grande agência do reino, a embaixadora do Rei. O trono do Messias exaltado está na nova Jerusalém (Ap 22.3).

O sofrimento temporário e o triunfo permanente da igreja (4.9-13)

Miqueias, que já tinha olhado prospectivamente para o futuro distante, agora, volta os olhos para um futuro próximo, para as agonias do cativeiro babilônico. Antes de falar do cerco do inimigo, falou da largueza de sua liberdade. Antes de falar da opressão do cativeiro, falou da consolação da restauração. Antes de falar do sofrimento temporário, falou do triunfo permanente. A mesma metodologia foi usada no livro de Apocalipse. Antes de João anunciar a abertura dos selos, que desencadeariam brutal perseguição contra a igreja, ele mostrou a igreja glorificada e o Senhor Jesus no trono com o livro da história nas mãos. Algumas verdades devem ser aqui destacadas.

Em primeiro lugar, *o sofrimento do povo de Deus é o prelúdio de suas grandes alegrias* (4.9,10a). Antes que o dia da libertação chegue, o povo de Deus tem de passar pelo fogo do julgamento.[188]

Miqueias compara o sofrimento do cativeiro com a dor de uma mulher em via de dar à luz, sem hospital nem anestesia. Ela precisa reconhecer que seu sofrimento é o juízo divino por causa de seus pecados.[189]

Assim diz o profeta:

> Agora, por que tamanho grito? Não há rei em ti? Pereceu o teu conselheiro? Apoderou-se de ti a dor como da que está para dar à luz? Sofre dores e esforça-te, ó filha de Sião, como a que está para dar à luz.

Quando uma mulher está para dar à luz, ela fica angustiada. A dor do parto é atroz. Contudo, essa dor é o prelúdio de uma grande alegria. O choro é convertido em consolo; as lágrimas são transformadas em fonte de regozijo.

Miqueias muda a ilustração. Agora Judá é a criança que está para nascer. A ilustração descreve a crise de uma nova vida que teve início em meio a dores.[190]

Os desterrados perderam sua independência política. Eles não tinham mais reis. Os cativos não tinham mais profetas. A voz do conselho se calara. As contrações do parto haviam chegado. O grito de sofrimento se fazia ouvir. Todavia, esse sofrimento traria à luz um novo tempo. O povo da aliança seria libertado de sua idolatria e purificado de suas imundícias. Seu sofrimento seria apenas o prelúdio de grandes alegrias. A alegria da salvação estava prestes a raiar. A cruz seria trocada pela coroa.

Em segundo lugar, *o cativeiro do povo de Deus é o ponto de partida de seu livramento* (4.10b). Miqueias registra: "[...] porque, agora, sairás da cidade, e habitarás no campo, e virás até à Babilônia; ali, porém, serás libertada; ali, te remirá o Senhor das mãos dos teus inimigos."

O mesmo Deus que mandou o povo para o cativeiro liberta e redime seu povo do cativeiro. O mesmo Deus que entregou seu povo nas mãos dos inimigos; agora, arranca seu povo das garras desse inimigo. O mesmo lugar da disciplina é o lugar da libertação e do resgate. A terra do cativeiro é o ponto de partida de um grande livramento. Tanto a libertação quanto a redenção são obras exclusivas de Deus. Nossa libertação é-nos totalmente assegurada pela obra perfeita, completa, cabal e substitutiva de Cristo em nosso favor.

Em terceiro lugar, *a conspiração dos inimigos contra o povo de Deus será desmantelada pela intervenção divina* (4.11-13). O profeta Miqueias conclui esse capítulo falando tanto de

MIQUEIAS – a justiça e a misericórdia de Deus

aliança confederada das nações para planejar e atacar o povo de Deus, acerca do milagroso livramento que Deus dará a seu povo. Veja suas palavras;

> Acham-se, agora, congregadas muitas nações contra ti, que dizem: Seja profanada, e vejam os nossos olhos o seu desejo sobre Sião. Mas não sabem os pensamentos do Senhor, nem lhe entendem o plano que as ajuntou como feixes na eira. Levanta-te e debulha, ó filha de Sião, porque farei de ferro o teu chifre e de bronze, as tuas unhas; e esmiuçarás a muitos povos, e o seu ganho será dedicado ao Senhor, e os seus bens, ao Senhor de toda a terra (4.11-13).

Miqueias traça um retrato vivo da vitória retumbante do povo de Deus sobre seus inimigos. Três verdades devem ser aqui destacadas:

O povo de Deus é alvo do ódio do mundo (4.11). Assim como as nações se congregaram contra Judá e contra o povo de Israel ao longo dos séculos, assim também o mundo odeia com ódio consumado a igreja de Deus. Não vivemos em campo neutro. Pisamos o terreno minado da hostilidade.

Os planos de Deus frustram os desígnios do mundo (4.12). Miqueias nos informa que a oposição confederada do mundo contra Israel não é uma aliança política traçada na terra, mas uma agenda estabelecida na terra. É Deus quem congrega essas nações contra seu povo para impor sobre elas fragorosa derrota. Deus reverte os intentos perversos dos ímpios. Deus desmantela seus planos de violência. Deus faz cair sobre suas cabeças o mal que intentaram contra o povo de Deus.

Os profetas estão convictos de que os movimentos das nações são controlados por Deus (Am 9.7; Is 14.24-27; Hc 1.6). Ele coloca a ira do homem a seu dispor, "como

A exaltação da igreja de Deus

feixes na eira". As nações são reunidas para o próprio juízo e destruição. Assim como os líderes maus de Judá seriam julgados por seus pecados (2.1-3; 3.9-12), de igual modo as nações, como nações, serão julgadas pelos seus pecados (Mt 25.31-46).[191]

O povo de Deus torna-se o agente do juízo de Deus contra o mundo (4.13). Se os ímpios tinham sido a vara da ira de Deus para disciplinar o povo da aliança; agora, a mesa está virada, e Deus levanta seu povo para impor seu justo juízo a essas nações ímpias. Deus torna a igreja um exército invencível e irresistível. Deus faz de ferro o seu chifre e de bronze as suas unhas. A derrota imposta ao inimigo é avassaladora. Eles serão debulhados como trigo na eira. Os povos que se ajuntaram para destruir o povo de Deus serão esmiuçados, e os tesouros que os ímpios ajuntaram se tornarão ofertas dedicadas ao Senhor.

Warren Wiersbe sintetiza o capítulo 4 de Miqueias, oferecendo-nos quatro figuras, com as quais encerraremos essa exposição:[192]

Uma cidade (4.1-5). Muito embora Jerusalém estivesse destinada a ser destruída pela Babilônia, um dia essa cidade seria restaurada. A Jerusalém restaurada é um símbolo da própria igreja glorificada, a Nova Jerusalém, a cidade santa. Essa cidade santa, a noiva do Cordeiro, se transformará na capital desse reino eterno, pois o trono de Deus estará no meio dela (Ap 22.3).

Um rebanho (4.6-8). O Senhor reunirá seu rebanho, o remanescente, e cuidará das ovelhas mancas e aflitas. O seu pastor será o seu Rei, e ele reinará sobre elas em justiça.

Um nascimento (4.9,10). Assim como uma mulher grávida deve dar à luz um filho, Judá deveria ser levada para o cativeiro babilônico. Esse seria um tempo de dor, mas essa dor seria transformada em bênção, pois Deus promete libertá-los e restaurá-los.

Uma colheita (4.11-13). O dia virá quando o povo de Deus derrotará os seus inimigos que procuravam destruí-lo. Isso será como a debulha dos grãos na eira, e o resultado dessa colheita será oferecido ao Senhor.

NOTAS DO CAPÍTULO 5

[156] PEISKER, Armor D. *O livro de Miqueias* in *Comentário bíblico Beacon*. Vol. 5, p. 183.

[157] McGEE, J. Vernon. *Jonah and Micah,* p. 118.

[158] FEINBERG, Charles L. *Os profetas menores,* p. 168.

[159] McGEE, J. Vernon. *Jonah and Micah.* 1991: p. 119.

[160] KUNSTMANN, Walter. *Os profetas menores.* Concórdia Editora Ltda. Porto Alegre, RS, 1983, p. 107.

[161] VAN GRONINGEN, Gerard. *Revelação messiânica no Velho Testamento.* LPC. Campinas, SP, 1995, p. 464.

[162] VAN GRONINGEN, Gerard. *Revelação messiânica no Velho Testamento,* p. 463.

[163] PAPE, Dionísio. *Justiça e esperança para hoje,* p. 69.

[164] COELHO FILHO, Isaltino Gomes. *Os profetas menores II,* p. 50.

[165] WALTKE, Bruce. *Micah* in *New Bible commentary.* Editado por G. J. Wenham et all. Inter-Varsity Press. Downers Grove, IL., 1994, p. 826.

A exaltação da igreja de Deus

[166] WOLFENDALE, James. *The preacher's complete homiletic commentaries.* Vol. 20. Baker Books. Grand Rapids, MI, 1996, p. 421.

[167] STURZ, Richard J. *Miqueias* em *Obadias, Jonas, Miqueias, Naum, Habacuque e Sofonias,* 2006, p. 229.

[168] COELHO FILHO, Isaltino Gomes. *Os profetas menores II,* p. 49.

[169] STURZ, Richard J. *Miqueias* em *Obadias, Jonas, Miqueias, Naum, Habacuque e Sofonias,* p. 230.

[170] MAILLOT, A. e LELIÈVRE, A. *Atualidade de Miqueias,* p. 87.

[171] CRABTREE, A. R. *Profetas menores,* p. 157,158.

[172] CALVINO, João. *Commentaries on the minor prophets,* p. 37.

[173] KEIL, C. F. e DELITZSCH, F. *Commentary on the Old Testament.* Vol. X. William B. Eerdmans Publishing Company. Grand Rapids, MI, 1978, p. 455.

[174] STURZ, Richard J. *Miqueias* em *Obadias, Jonas, Miqueias, Naum, Habacuque e Sofonias,* p. 229.

[175] ZABATIERO, Júlio Paulo Tavares. *Miqueias: Voz dos sem-terra,* p. 89.

[176] HILLMAN, S. D. *Micah* em *The pulpit commentary.* Vol. 14. Wm. Eerdmans Publishing Company. Grand Rapids, MI, 1978, p. 53.

[177] HILLMAN, S. D. *Micah* em *The pulpit commentary.* Vol. 14, p. 53,54.

[178] CRABTREE, A. R. *Profetas menores,* p. 159.

[179] ZABATIERO, Júlio Paulo Tavares. *Miqueias: Voz dos sem-terra,* p. 91.

[180] STURZ, Richard J. *Miqueias* em *Obadias, Jonas, Miqueias, Naum, Habacuque e Sofonias,* p. 232.

[181] ZABATIERO, Júlio Paulo Tavares. *Miqueias: Voz dos sem-terra,* p. 92.

[182] MAILLOT, A. e LELIÈVRE, A. *Atualidade de Miqueias,* p. 98,99.

[183] COELHO FILHO, Isaltino Gomes. *Os profetas menores II,* p. 49.

[184] CRABTREE, A. R. *Profetas menores,* p. 161.

[185] FEINBERG, Charles L. *Os profetas menores,* p. 170.

[186] STURZ, Richard J. *Miqueias* em *Obadias, Jonas, Miqueias, Naum, Habacuque e Sofonias,* p. 235.

[187] STURZ, Richard J. *Miqueias* em *Obadias, Jonas, Miqueias, Naum, Habacuque e Sofonias,* p. 235.

[188] PEISKER, Armor D. *O livro de Miqueias* em *Comentário bíblico Beacon.* Vol. 5, p. 185.

[189] STURZ, Richard J. *Miqueias* em *Obadias, Jonas, Miqueias, Naum, Habacuque e Sofonias,* p. 237.

[190] STURZ, Richard J. *Miqueias* em *Obadias, Jonas, Miqueias, Naum, Habacuque e Sofonias,* p. 237.

[191] STURZ, Richard J. *Miqueias* em *Obadias, Jonas, Miqueias, Naum, Habacuque e Sofonias,* p. 238,239.

[192] WIERSBE, Warren W. *With the Word.* Thomas Nelson Publishers. Nashville, TN, 1991, p. 595.

Capítulo 6

O reinado do
Príncipe da Paz
(Mq 5.1-15)

A BELA E RICA CIDADE DE SAMARIA já tinha caído. O reino de Israel já sucumbira diante da supremacia militar da Assíria. Não obstante a invasão de Judá e a fraqueza dos judeus na sua defesa contra o inimigo poderoso, ainda não havia chegado o fim do povo do Senhor.[193]

Miqueias olha adiante para o cerco babilônico a Jerusalém (5.1). Há tantos soldados acampados ao redor da cidade que Miqueias a chama de "filha de tropas". Quando o rei Zedequias e seus oficiais viram que tudo estava perdido, tentaram fugir, mas foram alcançados e capturados pelos babilônios (2Rs 25.1-7).

É evidente que humilharam o rei ferindo seu rosto com uma vara. Depois, mataram seus filhos, cegaram o rei, amarram-no e levaram-no para a Babilônia.[194]

Esse quadro traçado por Miqueias é um símbolo da igreja militante. A igreja vive num mundo hostil. Forças físicas e espirituais, humanas e demoníacas se juntam para atacar a igreja. Os líderes da igreja, muitas vezes, foram perseguidos, caçados, presos, torturados e martirizados, mas em vez do mundo destruir a igreja, é a igreja que se levanta como um exército para triunfar sobre o mundo.

A Babilônia, a grande meretriz, que se embebedou com o sangue dos mártires, cobrir-se-á de vergonha, mas a igreja de Cristo se levantará gloriosa como uma noiva adornada para o seu esposo.

A vitória do povo de Deus não vem de si mesmo, mas do seu Messias. A solução não emana da terra; procede do céu.

Charles Feinberg diz que a degradação do juiz de Israel (5.1) é colocada em contraste com a grandeza do futuro governante de Israel (5.2).[195]

Miqueias continua com sua mensagem de esperança. No meio da escuridão da noite, ele olha para a frente e vê o despontar do sol da justiça. No barulho infernal das rodas dos carros de guerra, no trepidar dos cavalos que marcham para aterradoras conquistas militares, ele vislumbra o nascimento do Messias, o Príncipe da paz. Vamos, agora, considerar algumas lições preciosas acerca do Messias, o Príncipe da Paz.

A sua vinda (5.2,3)

O profeta Miqueias, setecentos anos antes de Cristo vir ao mundo, vê com diáfana clareza os detalhes da sua

O reinado do Príncipe da Paz

vinda. O Antigo Testamento contém centenas de profecias a respeito do Messias que viria. Dionísio Pape diz que a probabilidade de que todas elas se cumprissem seria como uma chance num bilhão.[196]

J. Sidlow Baxter pondera com razão que Miqueias e Isaías fazem as duas profecias mais claras sobre a encarnação do Senhor. Isaías prediz seu nascimento da *virgem*. Miqueias fala sobre *o lugar* em que ele nasceria de maneira tão clara que, muito tempo depois, quando os magos perguntaram a Herodes onde o rei dos judeus deveria nascer, os escribas responderam sem hesitar: "Em Belém da Judeia [...] porque assim está escrito por intermédio do profeta (Mt 2.5).[197]

O Messias não deverá nascer em qualquer lugar ou em qualquer época. Miqueias indica o *local* exato (5.2); Lucas acrescenta o *tempo* específico (Lc 2.1-7).[198]

Maillot está correto quando diz que o Messias não nascerá em um lugar qualquer, ele não é a negação do tempo e do espaço, mas "obedece" à geografia e aceita a história.[199] Veja o relato de Miqueias:

> E tu, Belém-Efrata, pequena demais para figurar como grupo de milhares de Judá, de ti me sairá o que há de reinar em Israel, e cujas origens são desde os tempos antigos, desde os dias da eternidade. Portanto, o Senhor os entregará até ao tempo em que a que está em dores tiver dado à luz; então, o restante de seus irmãos voltará aos filhos de Israel (5.2,3).

O Príncipe da paz é o Rei de Israel. Cinco pontos merecem ser destacados acerca da vinda do Príncipe da paz.

Em primeiro lugar, *o lugar de onde vem o Príncipe da Paz* (5.2). "E tu, Belém-Efrata, pequena demais para figurar como grupo de milhares de Judá, de ti me sairá o que há de reinar em Israel."

O Rei de Israel não nasceu na magnificente Jerusalém, mas em Belém, pequena vila da província de Efrata. Ele não nasceu num berço de ouro, mas num berço de palha. Não nasceu num palácio, mas numa estrebaria. Como Filho de Davi, nasceu na humilde cidade de Belém, uma cidade pobre, a uns oito quilômetros de Jerusalém.

Gerard Van Groningen destaca o fato de que a bela, dominante, maior e mais importante Jerusalém será restaurada e governada por alguém de uma vila e de uma região que é pequena e insignificante.[200]

O Messias veio de uma família pobre, nasceu num berço pobre, numa cidade pobre e cresceu como um homem pobre, sem ter onde reclinar a cabeça. O apóstolo Paulo diz que ele, sendo rico, se fez pobre (2Co 8.9). Sua origem humilde é um golpe no orgulho dos poderosos e na soberba dos principados deste mundo.

O Criador do universo, o Rei da glória, em sua encarnação, esvaziou-se e humilhou-se de tal maneira que nasceu numa manjedoura e agonizou numa cruz.

Belém significa "casa do pão" e Efrata deriva de uma raiz que significa "frutífera". Por conseguinte, ambos os nomes falam da fertilidade da região. Aquele que é o Pão da vida (Jo 6.48-51) nasceu na casa do pão. Da casa do pão procede aquele que tem pão com fartura para todo aquele que tem fome. A expressão "pequena demais" é uma referência ao tamanho e à importância. A insignificância não está tanto no fato de Belém ter sido escolhida para ser o local de nascimento do Messias, mas em seu valor relativo, quando comparado com os outros clãs de Judá.[201]

Belém era apenas uma aldeia insignificante, pois observamos que ela não é mencionada entre as cidades de Judá no capítulo 13 de Josué, nem figura na lista das cidades do capítulo 11 de Neemias.[202] Isso nos prova que Deus usa as coisas fracas para envergonhar as fortes.

Em segundo lugar, *o método que vem o Príncipe da Paz* (5.2). O Rei de Israel não veio de moto próprio, foi enviado pelo Pai. Sua vinda não foi um acidente, mas uma agenda traçada na eternidade e confirmada ao longo dos séculos. Ele foi prometido. Os patriarcas falaram dele. Os profetas apontaram para ele. Os sacrifícios do templo tipificavam sua morte. Ele nasceu sob a lei, cumpriu a lei e é o fim da lei.

Maillot diz que Miqueias retrocede até as origens e descobre que esse Rei e sua missão já estavam presentes na aurora do mundo. Ele não é, portanto, uma tentativa de remendar o plano de Deus, frustrado pelos desatinos dos homens, mas tem nele seu lugar previsto e reservado.[203]

Em terceiro lugar, *o propósito para o qual vem o Príncipe da Paz* (5.2). O propósito da vinda do Rei Messias é reinar sobre Israel. A humilde criança da estrebaria havia sido destinada a ser o Rei dos reis e o Senhor dos senhores. As coroas dos grandes reis e imperadores são destituídas de valor diante da majestade desse Rei. Seu reino é espiritual. O seu reino não é deste mundo. Ele governa não com a força da espada, mas com o cetro da verdade. Ele conquista não com a truculência dos seus exércitos, mas com a irresistibilidade do seu amor. Ele domina seus súditos não pelo poder da força, mas pela eficácia do seu sacrifício.

Em quarto lugar, *a origem do Príncipe da Paz que vem* (5.2). "[...] e cujas origens são desde os tempos antigos, desde os dias da eternidade." O Messias procede de Belém no tempo, mas ele não está circunscrito pelo tempo. Aqui está sendo ensinada a preexistência do Messias.[204]

O Rei de Israel, o Príncipe da paz, é Filho e Senhor de Davi (Mt 22.42-46). Ele é anterior a Davi. Não é o Rei Messias quem depende de Davi, mas Davi quem depende do Messias. Ele é anterior e maior do que Abraão. Ele é eterno. Ele é o Pai da eternidade. Seu nascimento em Belém não foi o começo da sua existência. Suas origens estão na eternidade. Ele vem da parte de Iavé e é o próprio Iavé.

O apóstolo João escreve:

> No princípio era o Verbo, e o Verbo estava com Deus, e o Verbo era Deus. [...] e o Verbo se fez carne e habitou entre nós, cheio de graça e de verdade, e vimos a sua glória, glória como do unigênito do Pai (Jo 1.1,14).

Em quinto lugar, *o resultado alcançado pela vinda do Príncipe da Paz* (5.3). O profeta Miqueias volta seus olhos ao cativeiro babilônico e diz que Deus entregou seu povo nas mãos do inimigo por um tempo determinado. É como a mulher grávida que chora ao sentir a dor do parto, mas depois se alegra com a chegada do filho. O cativeiro teria um fim. E com o fim do cativeiro, a unidade do povo de Deus seria restaurada. Essa profecia aponta também para as dores de parto de Maria, a mãe de Jesus. Com o nascimento do Messias, o Salvador do mundo, o povo de Deus seria reunido para formar um único povo, um único rebanho. Dois resultados são aqui apontados:

A libertação do cativeiro (5.3). "[...] então, o restante de seus irmãos voltará aos filhos de Israel." O mesmo Deus que entregara o povo nas mãos do inimigo para discipliná-lo, tira-o do cativeiro para restaurá-lo. O mesmo Deus que fizera a ferida aplica o bálsamo da cura. O mesmo Deus que dispersara também é o que congrega.

A libertação do cativeiro de Israel é um símbolo da nossa libertação espiritual. O Senhor nos arrancou da casa do

O reinado do Príncipe da Paz

valente, da potestade de Satanás, do império das trevas e nos transportou para o reino da luz.

A restauração da unidade (5.3). A reunificação dos dispersos de Israel é um símbolo da unidade da igreja de Cristo. Assim como as tribos dispersas seriam reunidas e congregadas para formar um só povo, uma só nação, a igreja de Deus é a reunião de todos aqueles que creem em Cristo. A igreja de Cristo, portanto, é multicultural, multirracial e interdenominacional. É formada de todos os eleitos de Deus, a quem Deus chamou, justificou e glorificou (Rm 8.30). Os membros dessa igreja procedem de toda tribo, língua, povo e nação (Ap 5.9).

O seu trabalho (5.4-6)

Miqueias passa da figura do Rei para a imagem do Pastor. O Príncipe da paz não apenas reina, mas também apascenta o seu povo. Ele não apenas está no trono acima do seu povo, mas também está ao lado do povo, no meio do seu povo. Ele não apenas reina, mas também, pastoreia. Destacamos alguns pontos:

Em primeiro lugar, _o trabalho do Rei pastor_ (5.4). "Ele se manterá firme e apascentará o povo na força do Senhor, na majestade do nome do Senhor, seu Deus."

O Príncipe da Paz é o Rei que vem para apascentar o seu povo. Ele apascenta seu povo com segurança (Is 40.10,11). Suas ovelhas ouvem sua voz e o seguem; jamais seguem o estranho. Suas ovelhas recebem a vida eterna e ninguém pode arrebatá-las de suas onipotentes mãos (Jo 10.27,28). Ele é o grande pastor que vive pelas ovelhas (Sl 23). Ele é o bom pastor que morre pelas ovelhas (Sl 22). Ele é o supremo pastor que voltará para as ovelhas (Sl 24).

O pastor alimenta as ovelhas com a sua palavra bendita. Sua palavra é trigo nutritivo e mais doce que o mel. Nela temos provisão suficiente. Não há qualquer fracasso no pastoreio do Príncipe da Paz. Isso, porque ele se manterá firme e apascentará o povo na força do Senhor e na majestade do nome do Senhor, seu Deus.

Em segundo lugar, *a segurança das ovelhas do Rei pastor* (5.4). "[...] e eles habitarão seguros." Nenhuma das ovelhas do Rei pastor se perderá. Ele tem ovelhas dispersas que ainda não vieram para o aprisco. Essas ovelhas, um dia, ouvirão sua voz e atenderão seu chamado. Essas ovelhas hão de conhecê-lo, porque ele as conhece e as chamará pelo nome. Essas ovelhas jamais perecerão eternamente. Ainda que se desviem, o Rei pastor as buscará e as trará em seus braços para o aprisco seguro. Ainda que fiquem doentes, o pastor as curará. Ainda que se rebelem, o pastor as disciplinará. Nenhuma de suas ovelhas jamais se perderá.

Em terceiro lugar, *o engrandecimento do Rei pastor* (5.4). "[...] será ele engrandecido até aos confins da terra".

Jesus não é pastor apenas de Israel, de um povo, de uma nação. Sua igreja não tem fronteiras raciais nem culturais. A igreja é formada tanto de judeus quanto de gentios. A igreja é transcultural, interdenominacional e universal. O Rei pastor estende seu pastoreio até aos confins da terra. Ele morreu para comprar com o seu sangue os que procedem de toda tribo, língua, povo e nação (Ap 5.9). O reino do Messias é um reino mundial, seguro, pacífico e eterno.

Barker diz que ele reinará sem nenhum adversário. Hinos de júbilo serão entoados em sua honra. Os reis se dobrarão perante ele. O seu nome será como hino nacional para cada tribo e cada família.[205]

Em quarto lugar, *as qualificações do Rei pastor* (5.4). Jesus, como Rei pastor, tem duas características: poder e majestade. Ele é revestido de poder para proteger o rebanho dos lobos (Jo 10.11,12). Ele tem majestade para triunfar sobre todos os inimigos que tentam destruir o seu rebanho. Ele reduz a pó a todos quantos atacam as suas ovelhas. Ele desmantela todo o poder que se levanta contra sua igreja. O diabo, o anticristo, o falso profeta, a grande meretriz e todos os ímpios serão vencidos, mas a igreja, o rebanho, a noiva, a nova Jerusalém triunfará gloriosamente.

Em quinto lugar, *o reinado de paz do Rei pastor* (5.5). "Este será a nossa paz." Jesus fez a paz pelo sangue da sua cruz, ele é a nossa paz e nos dá a paz. Por meio de Cristo, temos paz com Deus (Rm 5.1) e a paz de Deus (Fp 4.7). Essa paz é tanto posicional quanto circunstancial. Jesus disse: "Deixo-vos a paz, a minha paz vos dou; não vo-la dou como a dá o mundo" (Jo 14.27).

A nossa paz não é ausência de problema nem apenas presença de coisas boas. A nossa paz é uma pessoa. A nossa paz é Jesus (5.5). O mundo está em conflito. O homem é uma guerra ambulante. O sonho da paz mundial está cada vez mais distante. Somente o Príncipe da Paz pode dar a paz. Somente sob seu reinado é possível conhecer e desfrutar dessa paz. A paz de Cristo não é imposta. Ele mesmo é a paz. Por meio dele fomos reconciliados com Deus. Nele temos copiosa redenção. A paz que ele dá é uma paz universal, implantada no coração humano, e não o resultado de uma pressão externa. Essa não é a paz instável da política humana, mas a paz duradoura da reconciliação com Deus por intermédio do nosso Senhor Jesus Cristo.[206]

James Wolfendale resume esse ponto de forma magistral, quando diz:

MIQUEIAS – a justiça e a misericórdia de Deus

Cristo é a nossa paz, porque através dele nós temos paz sobre nós, em relação a Deus; temos paz dentro de nós, em relação à nossa consciência; temos paz ao redor de nós, em relação aos homens e temos paz sob nós, para vencermos as tentações de Satanás.[207]

Em sexto lugar, *a proteção do Rei pastor* (5.5,6).

Quando a Assíria vier à nossa terra e quando passar sobre os nossos palácios, levantaremos contra ela sete pastores e oito príncipes dentre os homens. Estes consumirão a terra da Assíria à espada e a terra de Ninrode, dentro de suas próprias portas. Assim, nos livrará da Assíria, quando esta vier à nossa terra e pisar os nossos limites.

Richard Sturz diz acertadamente que a invasão assíria era uma ameaça constante nos dias de Miqueias. Durante os reinados de Jotão, Acaz e Ezequias, os assírios invadiram cinco vezes a Palestina; nessas ocasiões, a região rural era rapidamente ocupada; e as cidades e aldeias, devastadas; mesmo quando a própria Jerusalém não caía.

Em 722 a.C., Senaqueribe levou 27.290 pessoas de Samaria para o cativeiro. Mais tarde, exigiu que Ezequias pagasse um elevado tributo para livrar Jerusalém de um destino semelhante (2Rs 18.6-16).[208]

A Assíria é vista aqui como um símbolo de todos os inimigos que atacam o povo de Deus. Assim como Deus poupou de maneira milagrosa o povo judeu das barbáries da história, não permitindo o seu aniquilamento, assim também, Deus protege a sua igreja das investidas do inimigo e do furor do mundo. O fundador, fundamento, dono e edificador da igreja é também o seu protetor (Mt 16.18). Ele tanto liberta seu povo do inimigo quanto o defende do inimigo.

Concluindo este parágrafo, citamos Charles Feinberg, que faz uma preciosa síntese da revelação progressiva do Messias:

O reinado do Príncipe da Paz

A revelação do Messias nesta passagem é deveras plena. Ele é visto primeiro como *o Infante* nascido em Belém; é apontado como *o Eterno*, cujas atividades têm sido desde a eternidade; seu governo de *Pastor* é revelado em seguida; seu caráter como *Pacificador* logo estará diante de nós, e, por fim, ele é revelado como o grande *Libertador* do seu povo. Ninguém jamais foi tão humilde quanto ele, e ninguém jamais foi tão majestoso. Ele é absolutamente suficiente para os seus.[209]

A sua igreja (5.7-9)

Miqueias faz outra transição. Agora, passa do pastor para o rebanho. Miqueias usa duas eloquentes figuras para descrever a igreja:

Em primeiro lugar, *a igreja é como orvalho de Deus no meio dos povos* (5.7). "O restante de Jacó estará no meio de muitos povos, como orvalho do Senhor, como chuvisco sobre a erva, que não espera pelo homem, nem depende dos filhos de homens."

O profeta Oseias, contemporâneo de Miqueias, havia usado a figura do orvalho para falar de Deus (Os 14.5). Agora, Miqueias usa a figura do orvalho para falar da igreja de Deus. Essa figura só pode ser plenamente entendida quando a empregamos para descrever a igreja, pois só a igreja está espalhada entre todos os povos.

A igreja é como orvalho do céu no meio dos povos. A igreja está no mundo, mas não é do mundo. Ela foi chamada do mundo para ser enviada de volta a ele, como orvalho. A igreja está espalhada pelo mundo inteiro, como sal da terra, como semente no solo, como orvalho do céu. Essa figura tem várias lições preciosas:

O orvalho é dádiva do céu. Num clima desértico, o orvalho é visto como uma bênção mandada por Deus, diz Richard Sturz.[210]

121

O orvalho vem de cima, do alto, do céu. Ele é dádiva de Deus. Ele não espera pelo homem nem depende dos filhos dos homens. Assim é a igreja no meio dos povos. A igreja é uma dádiva de Deus para os povos. É como orvalho fresco e revitalizante no meio de um deserto espiritual. Os salvos nascem de cima, do alto, do Espírito. A igreja tem sua origem em Deus. O céu não é apenas o seu destino, mas também a sua origem.

O orvalho vem sem alarde. A chuva é precedida por relâmpagos e trovões, mas o orvalho cai silenciosamente sem a presença dos trovões bombásticos e dos relâmpagos serpenteantes. O orvalho cai mansamente e, onde ele desce, tudo se renova. As plantas murchas recebem novo alento. Assim também é a presença da igreja neste mundo. A igreja não é apenas luz que aparece, mas, também, sal que penetra. O testemunho da igreja é como orvalho que rega a terra estorricada trazendo-lhe alento e vida.

O orvalho cai diariamente. As chuvas são ocasionais; o orvalho é diário. Ele cai todos os dias. A presença da igreja no meio dos povos é constante. Todos os dias ela traz esperança. Todos os dias ela oferece o frescor de uma nova esperança. A igreja é a agência do reino de Deus na terra. Ela é a embaixadora de Cristo no mundo.

O orvalho cai à noite. O orvalho cai nas horas mais sombrias, quando as pessoas estão despercebidas. O orvalho vem quando os olhos estão desatentos à sua descida benfazeja. A presença da igreja no meio dos povos é como o orvalho nas noites escuras da vida, quando a crise é maior, quando as trevas são mais espessas e os vales mais profundos. Nesses tempos de desespero e desalento, a presença da igreja no mundo é como o orvalho refrescante e vivificador.

O orvalho é absolutamente puro. O orvalho é totalmente puro e claro. Não há nele contaminação nem corrupção. Ele desce do céu como gotas de cristais, como água da vida.[211]

A igreja é santa. Ela é a luz do mundo. Sua influência é abençoadora no mundo.

O orvalho é absolutamente necessário. Uma vez que a chuva não cai na Palestina com frequência desde o princípio de maio até ao final de outubro, o orvalho, a garoa noturna, desses meses, é essencial às safras. Assim, a figura do orvalho fala do ministério abundante, refrescante e fertilizador da igreja entre as nações.[212]

Em segundo lugar, *a igreja de Deus é como um leão no meio dos povos* (5.8,9). Miqueias escreve:

> O restante de Jacó estará entre as nações, no meio de muitos povos, como um leão entre os animais das selvas, como um leãozinho entre os rebanhos de ovelhas, o qual, se passar, as pisará e despedaçará, sem que haja quem as livre. A tua mão se exaltará sobre os teus adversários; e todos os teus inimigos serão eliminados.

O povo de Deus servirá em caráter duplo: como fonte de refrigério (orvalho e chuvisco) e como fonte de força e juízo (leão).[213]

Se a figura do orvalho fala do bem que a igreja traz aos povos; a figura do leão fala do juízo que exercerá entre os povos e da vitória que terá sobre os povos. A igreja é o bom perfume de Cristo tanto nos que são salvos, quanto nos que se perdem (2Co 2.15). Para uns somos cheiro de vida para a vida (orvalho); para outros somos cheiro de morte para morte (leão).

A igreja mesmo perseguida pelo mundo triunfará sobre ele, como um leão triunfa sobre os demais animais das selvas.

O reformador João Calvino, comentando esse versículo, diz que assim como a igreja foi graciosa e gentil, comunicando todo o bem a todos os que receberam a verdade em amor, ela será ousada como um leão para erguer sua voz contra a corrupção dos tempos e enfrentar, na força de Deus, os seus inimigos.

A igreja se revestirá de armas poderosas em Deus para destruir fortalezas e anular sofismas e toda altivez que se levanta contra o conhecimento de Deus (2Co 10.4,5).[214]

A igreja ocupa posição de liderança e comando. Ela é cabeça, e não cauda. A igreja tem coragem e domínio. Ela não é vencida; é vencedora. Ela não é dominada; é dominadora. Ela não sairá da peleja cabisbaixa com o sabor amargo da derrota, mas triunfará sobre todos os seus inimigos.

A sua disciplina (5.10-14)

Miqueias faz mais uma transição. Esta passa do triunfo da igreja sobre os povos para a ação purificadora de Deus na igreja. Os ímpios serão despedaçados e eliminados (5.8,9), mas a igreja será purificada (5.10-14).

Antes de desfrutarmos da paz de Deus, precisamos ser purificados por Deus. Os impenitentes que se mantiverem endurecidos serão quebrados repentinamente sem cura, mas o povo de Deus será purificado e liberto de tudo aquilo que fê-lo desviar das veredas da justiça.

De que a igreja será purificada?

Em primeiro lugar, *a igreja será purificada dos seus instrumentos de guerra* (5.10). "E sucederá, naquele dia, diz o Senhor, que eu eliminarei do meio de ti os teus cavalos e destruirei os teus carros de guerra."

Em 4.3, o profeta declarou que as espadas seriam convertidas em relhas de arados, e as lanças, em podadeiras.

No versículo 10, o autor desenvolve esse programa de desarmamento na era vindoura de paz e segurança, na declaração de que até os cavalos e carros como instrumentos de guerra serão eliminados.

Naquele tempo, o cavalo e o carro tinham valor na Palestina somente nas atividades militares.[215] Para os profetas, tanto os cavalos quanto os carros simbolizavam a dependência na força e na sabedoria humana, não em Deus.[216]

Israel confiara nos seus cavalos e nos seus carros de guerra, em vez de confiar no Senhor (Sl 20.7). Colocara a confiança no poder militar, em vez de pôr a confiança em Deus. O militarismo substituíra a fé em Deus. Agora, o Messias está removendo todos os apoios em que o povo de Deus havia confiado.

O desarmamento mundial só poder ser concretizado por uma ação divina. Russell Champlin recorda que, na Primeira Guerra Mundial, os homens tinham seus gases venenosos; na Segunda Guerra Mundial, tinham a bomba atômica. Agora têm as duas armas e mais os agentes bacteriológicos, que podem destruir a humanidade inteira. Somente uma intervenção divina poderá acabar com a guerra entre os povos.[217]

Esse ideal pleno se dará apenas no reino eterno de Cristo, o Príncipe da Paz.

Em segundo lugar, *a igreja será purificada de suas estruturas fortificadas* (5.11). "Destruirei as cidades da tua terra e deitarei abaixo todas as tuas fortalezas." Se os cavalos e os carros referiam-se a armas de ataque; aqui, as cidades e fortalezas falam de estruturas de defesa. As cidades eram muradas. Eram abrigos fortificados, não meros locais de habitação.[218]

As cidades cercadas de muros eram fortalezas no tempo da guerra. Naquele tempo os homens que cultivavam o

MIQUEIAS – a justiça e a misericórdia de Deus

solo tinham as suas casas dentro dos muros da cidade, mas, na nova era "todos os homens se assentarão debaixo da sua figueira", com a certeza de que não serão perturbados pela guerra.[219]

Israel abandonara sua confiança na providência divina para confiar nas suas cidades amuralhadas e nas fortalezas inexpugnáveis. O povo de Deus estava confiando mais em si mesmo e em suas fortificações do que em Deus. Estavam depositando mais sua confiança nas obras de suas mãos do que no poder que vem do alto.

Maillot diz que, por trás das muralhas, eles se julgavam protegidos e mais protegidos do que pelo nome do Senhor.[220] Por essa causa, Deus haveria de destruir suas cidades e suas fortalezas.

O instrumento dessa disciplina seria as nações pagãs. Elas eram a vara da ira de Deus para disciplinar o seu povo.

Em terceiro lugar, *a igreja será purificada de seu intento de manipular o futuro* (5.12). "Eliminarei as feitiçarias das tuas mãos, e não terás adivinhadores."

A proibição dessas atividades é antiga (Dt 18.10-14). A lei determinava que os feiticeiros deviam ser mortos (Êx 22.18). O Senhor prometeu voltar-se contra todos que buscavam os adivinhadores (Lv 20.6). Essas pessoas abundavam em Judá, mesmo após o grande reavivamento dos dias de Ezequias (3.5-7).[221]

O povo recorria constantemente aos feiticeiros e adivinhos para decifrar os enigmas do futuro. Em vez de confiar no cuidado de Deus, buscava essas soluções mágicas, que eram abomináveis aos olhos de Deus.

Maillot está correto quando diz que essa tentativa mágica de conhecer o futuro é abominação para Deus, porque o futuro pertence ao Senhor.[222]

Em quarto lugar, *a igreja será purificada de sua idolatria vil* (5.13). "Do meio de ti eliminarei as tuas imagens de escultura e as tuas colunas, e tu já não te inclinarás diante da obra das tuas mãos."

Deus julgará o seu povo por depender de armamentos, por usar o espiritismo e a magia para desvendar o futuro e agora por apelar aos ídolos. O povo de Deus não apenas abandonara a Deus, a fonte das águas vivas, como também havia cavado para si cisternas rotas (Jr 2.13). Não apenas deixara de adorar a Deus, conforme suas prescrições, mas corrompera o culto divino com detestáveis idolatrias. O povo substituiu o Criador pela criatura. Adorou as obras das próprias mãos, em vez de adorar o Criador.

Na religião idólatra, Deus não passa de um pretexto, pois é diante de sua obra que o homem se prostra. O culto a Deus desvirtua-se para o culto ao homem. Quando a igreja perde a fidelidade a Deus no culto, perde também a identidade e se torna tão pagã quanto as nações pagãs ao seu redor.[223]

Em quinto lugar, *a igreja será purificada de suas imoralidades* (5.14). "Eliminarei do meio de ti os teus postes-ídolos e destruirei as tuas cidades."

O povo de Israel, muitas vezes, prostrou-se diante de postes-ídolos, símbolo sexual do culto à fertilidade cananeia, que atraía tantos adeptos, em nome da religião.[224] Nesses locais, as pessoas não apenas adoravam deuses pagãos, mas também se entregavam à prostituição e à imoralidade.

A idolatria sempre desemboca na imoralidade. Onde o povo perverte o culto a Deus, também se capitula aos ditames da imoralidade.

Fato digno de observar é que Deus usou os inimigos de Israel para purificar o seu povo da idolatria e da incredulidade.

Armor Peisker está correto quando diz que é muito comum o Senhor virar as intenções más dos homens para o seu bom propósito e glória (Sl 76.10).[225]

Miqueias conclui o capítulo 5 fazendo sua última transição. Ele passa da disciplina de Deus aplicada à igreja para o juízo de Deus endereçado ao mundo. Diz o profeta, em nome de Deus: "Com ira e furor, tomarei vingança sobre as nações que não me obedeceram" (5.15).

Depois de mostrar a ação disciplinadora de Deus na vida da igreja, limpando-a de suas mazelas (5.10-14), o profeta fala da ira e do furor de Deus, tomando vingança contra as nações que rejeitaram sua Palavra e não obedeceram à sua voz (5.15). Ao seu povo, Deus disciplina; aos ímpios, Deus derrama sua ira e seu furor.

NOTAS DO CAPÍTULO 6

[193] CRABTREE, A. R. *Profetas menores,* p. 165.

[194] WIERSBE, Warren W. *Comentário bíblico expositivo.* Vol. 4, p. 492.

[195] FEINBERG, Charles L. *Os profetas menores,* p. 173.

[196] PAPE, Dionísio. *Justiça e esperança para hoje,* p. 69.

[197] BAXTER, J. Sidlow. *Examinai as Escrituras – Ezequiel a Malaquias,* p. 218.

O reinado do Príncipe da Paz

198 STURZ, Richard J. *Miqueias* em *Obadias, Jonas, Miqueias, Naum, Habacuque e Sofonias*, p. 243.

199 MAILLOT, A. e LELIÈVRE, A. *Atualidade de Miqueias*, p. 120.

200 VAN GRONINGEN, Gerard. *Revelação Messiânica no Velho Testamento*, p. 459.

201 STURZ, Richard J. *Miqueias* em *Obadias, Jonas, Miqueias, Naum, Habacuque e Sofonias*, p. 242.

202 FEINBERG, Charles L. *Os profetas menores*, p. 174.

203 MAILLOT, A. e LELIÈVRE, A. *Atualidade de Miqueias*, p. 120,121.

204 FEINBERG, Charles L. *Os profetas menores*, p. 174.

205 BARKER, H. P. *Cristo nos profetas menores*. Edições Cristãs. Ourinhos, SP, 1987, p. 72.

206 PAPE, Dionísio. *Justiça e esperança para hoje*, p. 70.

207 WOLFENDALE, James. *The preacher's complete homiletic commentary* Vol. 20, p. 435.

208 STURZ, Richard J. *Miqueias* em *Obadias, Jonas, Miqueias, Naum, Habacuque e Sofonias*, p. 245,246.

209 FEINBERG, Charles L. *Os profetas menores*, p. 176

210 STURZ, Richard J. *Miqueias* em *Obadias, Jonas, Miqueias, Naum, Habacuque e Sofonias*, p. 247.

211 CALVINO, João. *Commentaries on the minor prophets*, p. 56.

212 FEINBERG, Charles L. *Os profetas menores*, p. 176,177.

213 FEINBERG, Charles L. *Os profetas menores*, p. 177.

214 CALVINO, João. *Commentaries on the minor prophets*, p. 55,56.

215 CRABTREE, A. R. *Profetas menores*, p. 170.

216 STURZ, Richard J. *Miqueias* in *Obadias, Jonas, Miqueias, Naum, Habacuque e Sofonias*, p. 250.

217 CHAMPLIN, Russell Norman. *O Antigo Testamento interpretado versículo por versículo*, Vol. 5, p. 3582.

218 STURZ, Richard J. *Miqueias* em *Obadias, Jonas, Miqueias, Naum, Habacuque e Sofonias*, p. 250.

219 CRABTREE, A. R. *Profetas menores*, p. 170.

220 MAILLOT, A. e LELIÈVRE, A. *Atualidade de Miqueias*, p. 132.

221 STURZ, Richard J. *Miqueias* em *Obadias, Jonas, Miqueias, Naum, Habacuque e Sofonias*, p. 250,251.

222 MAILLOT, A. e LELIÈVRE, A. *Atualidade de Miqueias*, p. 133.

223 MAILLOT, A. e LELIÈVRE, A. *Atualidade de Miqueias*, p. 134.

224 PAPE, Dionísio. *Justiça e esperança para hoje*, p. 71.

225 PEISKER, Armor D. *O livro de Miqueias* em *Comentário bíblico Beacon*. Vol. 5, p. 188.

Capítulo 7

O povo de Deus no banco dos réus
(Mq 6.1-16)

ESTE É UM DOS TEXTOS MAIS SUBLIMES de toda a literatura bíblica. Miqueias alcança as alturas excelsas, chega ao apogeu na descrição de uma cena grandiosa, magnificente, em que o soberano Senhor do universo, como querelante, chama seu povo para o julgamento e convoca os montes e outeiros para serem testemunhas dessa causa jurídica (6.1).

Nos versículos 1 a 8, Miqueias arma o cenário do tribunal, com juiz, réu, promotor e júri. As acusações são feitas, a defesa fala e depois o profeta indica o que Deus exige.[226]

O povo da aliança é convocado a apresentar sua defesa na presença das testemunhas (6.2). Todavia, o silêncio sepulcral invade a sala cósmica do julgamento. O querelante, então, apresenta contra o réu a sua acusação e fundamenta seus argumentos (6.3-5). Este, culpado, tenta remediar a situação, buscando subterfúgios insuficientes nos ritos religiosos para safar-se da condenação inevitável (6.6,7). Longe de o querelante aceitar os infundados arrazoados do réu, argumenta com irrefutável clareza o que se espera dele (6.8).

Depois do processo vem o julgamento (6.9-16). O juiz, então, aponta as infrações cometidas pelo réu (6.9-12) e em seguida, aplica-lhe a merecida punição (6.13-16).

Vamos, agora, considerar os detalhes desse tribunal cósmico.

O povo de Deus submetido a um processo jurídico (6.1-8)

Miqueias, o caboclo interiorano, é o profeta que ergue a voz na cidade. Ele vem de uma vila pobre, mas tem uma linguagem erudita e rebuscada. Ele não é palaciano, mas seus argumentos perturbam os que vivem encastelados no poder e os que se aninham nos corredores do palácio. Ele não tem formação jurídica, mas por revelação divina, descreve uma das cenas mais grandiosas de um tribunal cósmico.

Três verdades devem ser aqui destacadas:

Em primeiro lugar, *a acusação é feita* (6.1-5). Na cena desse tribunal, Deus ocupa o papel da vítima, do juiz e do promotor. Deus é a vítima de uma aliança que foi quebrada. Deus, também, é tanto o promotor que acusa quanto o juiz que sentencia. Vamos destacar aqui três fatos:

O promotor chama o réu (6.1). "Ouvi, agora, o que diz o Senhor: Levanta-te, defende a tua causa perante os montes, e ouçam os outeiros a tua voz." Deus entra em demanda com o seu povo. A aliança firmada entre Deus e o seu povo havia sido violada. O povo de Deus quebrara as duas tábuas da lei e pecara contra Deus e contra o próximo.

O querelante, sendo vítima de vergonhosa infidelidade, convoca o povo da aliança ao tribunal cósmico. O réu não apenas é chamado ao tribunal, mas lhe é dada ampla oportunidade de defesa.[227]

O réu, entretanto, permanece calado. Não podia apresentar coisa alguma em sua defesa. Sua culpa é notória. Seu silêncio sepulcral apenas é mais um agravante à sua desesperadora e indefensável condição.

O júri recebe a instrução (6.2). "Ouvi, montes, a controvérsia do Senhor, e vós, duráveis fundamentos da terra, porque o Senhor tem controvérsia com o seu povo e com Israel entrará em juízo". Na falta de qualquer defesa da parte do povo, o Senhor dá um breve resumo do caso perante o tribunal.[228]

Os montes alcantilados empinados ao céu, testemunhas das grandes intervenções de Deus e das ações do seu povo, são convocados para testemunhar nesse tribunal. As testemunhas são informadas de que o Senhor não apenas tem controvérsia com seu povo, mas entrará em juízo contra ele. O povo que tapou os ouvidos à voz de Deus e endureceu sua cerviz; que rebeldemente abandonou a Deus e se prostrou diante de ídolos; o povo que escarneceu da justiça, se afastou da misericórdia e se entregou à soberba enfrentará, agora, o juízo do Deus Todo-poderoso.

A promotoria apresenta a acusação (6.3-5). O povo que tinha sido amado, liberto, protegido e abençoado por Deus volta as costas para Deus num gesto de gritante ingratidão. Três benefícios foram concedidos ao povo: libertação, liderança e herança. Zabatiero sintetiza bem esse fato quando diz que a ênfase aqui recai sobre o êxodo, a peregrinação no deserto e a entrada na Terra Prometida.[229] Vejamos o detalhamento da acusação.

A promotoria acusa o réu de estar enfadado de Deus (6.3). "Povo meu, que te tenho feito? E com que te enfadei? Responde-me." Deus não abandonou o seu povo apesar de sua corrupção e desobediência. O tom da acusação não é o de um promotor ou juiz, mas o de um pai amoroso.[230]

Charles Spurgeon diz que temos neste versículo três coisas:[231] 1) Uma exclamação comovente: "Povo meu...". O coração de Deus está ferido, pois aquele povo que não era povo, Deus o escolheu; aquele povo que vivia cativo, Deus o libertou; aquele povo que vivia errante, Deus o guiou; aquele povo que estava entregue ao infortúnio, Deus o abençoou. O Deus soberano está com os olhos molhados de lágrimas. Suas estranhas se movem de profunda compaixão. 2) Um fato doloroso: "[...] com que te enfadei?" O povo da aliança agiu como se estivesse cansado, saturado e enfastiado de Deus. Israel havia perdido o seu primeiro amor (Jr 2.2). O povo estava enfadado do nome de Deus. Israel trocara Deus por Baal. O povo estava enfadado da adoração a Deus. Eles traziam os sacrifícios e faziam as ofertas, mas a vida deles estava separada do culto. O culto deles tinha pompa, mas estava morto. O povo estava enfadado de obedecer às leis de Deus. O povo conhecia a lei, mas vivia na ilegalidade. A impiedade e a perversão eram os apanágios da sua vida. 3) Uma pergunta paciente: "[...] que te tenho feito? [...] responde-me". O querelante dá ao réu a oportunidade de falar mais uma vez. Que queixa o povo da aliança poderia apresentar contra Deus? Que mal Deus havia lhe feito? Essa pergunta pungente pinta um quadro de um povo cabisbaixo de vergonha, silenciado pela culpa. Não havia nenhuma resposta. Essa frase lembra-nos da pergunta retórica de Isaías: "Que mais se podia fazer ainda à minha vinha, que eu lhe não tenha feito" (Is 5.1-4).[232]

A promotoria acusa o réu de não valorizar sua libertação (6.4). "Pois te fiz sair da terra do Egito e da casa da servidão te remi." O promotor com eloquência afirma que Deus não fez nenhum mal ao seu povo, mas bem. Ele o libertou da escravidão. O êxodo foi obra exclusiva de Deus. O povo estava cativo e vivendo debaixo de chibata. Estava oprimido e obrigado a trabalhos forçados. Com mão forte e poderosa, Deus desmantelou o panteão de divindades egípcias, arrancou o povo da servidão e o remiu de forma gloriosa.

Maillot diz que justamente Deus, que sofreu vendo seu povo na escravidão (Êx 2.25), é abandonado a toda pressa por ele à procura de outros jugos.[233]

A promotoria acusa o réu de não valorizar sua liderança (6.4). "[...] e enviei adiante de ti Moisés, Arão e Miriã." Em vez de fazer mal ao seu povo, Deus o abençoou com uma liderança especial. Deus preparou Moisés, Arão e Miriã para conduzirem aquela multidão, pelo assombroso deserto rumo à Terra Prometida. O povo estava enfadado de Deus ao mesmo tempo em que Deus estava trabalhando por ele.

A promotoria acusa o réu de não valorizar as bênçãos divinas (6.5). "Povo meu, lembra-te, agora, do que maquinou Balaque, rei de Moabe, e do que lhe respondeu Balaão, filho de Beor."

Balaão contratado para amaldiçoar Israel, não conseguiu fazê-lo, porque Deus transformou suas maldições em bênçãos. Deus reverteu os intentos dos inimigos. Deus mudou muitas vezes os males em bem. Deus cercou seu povo com uma sebe e colocou ao seu redor muros de fogo. Todavia, apesar de tamanho gesto de amor, o povo está enfadado de Deus. O povo tinha memória curta para lembrar-se das bênçãos de Deus.

A promotoria acusa o réu de não valorizar a providência divina (6.5). "[...] e do que aconteceu desde Sitim até Gilgal, para que conheças os atos de justiça do Senhor."

A mão da providência divina guiou o povo desde o deserto até a conquista da Terra Prometida. Todas as dádivas vieram das mãos de Deus. Toda provisão veio de Deus. Todas as vitórias foram conquistadas por Deus. O povo não poderia se esquecer dessas generosas providências.

Richard Sturz diz corretamente que o reconhecimento das múltiplas bênçãos de Deus deve conduzir o homem à humildade e à confissão. O esquecimento é um grande inimigo da piedade.[234]

A promotoria fundamenta sua acusação mostrando os atos misericordiosos com os quais Deus cobriu o povo de bênçãos, contrastando-os fortemente com a ingratidão recebida em troca.[235]

Em segundo lugar, *a defesa fala* (6.6,7). O cenário muda. O júri recebeu as instruções (6.1,2), a promotoria apresentou a acusação (6.3-5), e agora a defesa deve falar.[236]

Diante das profundas, irrefutáveis e eloquentes acusações ouvidas, o povo tenta buscar o favor de Deus. No entanto, em vez de tomar o caminho do arrependimento, busca o atalho da religião sem vida. O povo procura disfarçar sua injustiça clamorosa com rituais religiosos vazios.

Warren Wiersbe acrescenta que os pecados do povo estavam ocultos sob o verniz das atividades religiosas. Os cultos eram rotineiros, mas não vinham do coração (Is 1.5,6).[237] Miqueias destaca três coisas:

Os ritos sagrados sem santidade de vida são insuficientes (6.6). "Com que me apresentarei ao Senhor e me inclinarei ante o Deus excelso? Virei perante ele com holocaustos, com bezerros de um ano?"

Convencido de sua culpa, o povo pergunta se existe um meio de reaver o favor de Deus. Equivocadamente, o povo busca esse favor no sistema sacrificial. A solução procurada foi puramente formal.

Crabtree diz acertadamente que a religião meramente ritual não representa o culto verdadeiro. Não agrada a Deus nem ao espírito do homem.[238]

Israel parece ter tido uma boa vontade, mas sem compreensão. E seu raciocínio dá no seguinte: "Quanto devemos pagar a Deus para que ele se cale? Que fazer para que ele cesse de queixar-se? Que oblação será digna dele?"[239]

Os holocaustos eram sacrifícios legítimos e ordenados por Deus, mas precisavam ser oferecidos com a motivação certa e com vida certa.

Maillot está correto quando afirma que os sacrifícios eram facilmente usados como álibis da desobediência. Eles perceberam que a fumaça que subia do altar podia servir para ocultar as enfermidades do povo e os golpes desferidos contra a aliança. Apesar de autênticos atos cultuais, eles podem transformar-se em meio para não se prestar ao Senhor um culto verdadeiro.[240]

O mesmo escritor continua dizendo que a censura de Deus não visa aos sacrifícios como tais, mas os ritos cultuais não acompanhados de uma vida social justa e fraterna.[241]

Eles queriam oferecer holocaustos para ocultar seus pecados. Eles queriam fazer a coisa certa, da maneira errada e com as piores motivações.

A ostentação religiosa sem piedade é nula (6.7). "Agradar-se-á o Senhor de milhares de carneiros, de dez mil ribeiros de azeite?." Se Deus não deseja determinado tipo de oferta (o holocausto), talvez a quantidade de sacrifícios o agrade: milhares de carneiros, dez mil ribeiros de azeite. O povo pensou que Deus estava interessado no tamanho da oferta. Eles ofereceram tudo (até aquilo que Deus proibira), com exceção da única coisa que ele pedia: o coração, com seu amor e sua obediência.[242]

Deus não se impressiona com ostentação. Ele não quer desempenho. Ele quer coração quebrantado, verdade no íntimo.

O sacrifício humano sem quebrantamento é inútil (6.7b). "Darei o meu primogênito pela minha transgressão, o fruto do meu corpo, pelo pecado da minha alma?" O povo pensou que pudesse agradar a Deus, imitando os povos pagãos e oferecendo no altar o próprio primogênito. Trata-se não só da sua carne, mas também de sua esperança, de sua alegria mais pura e, sobretudo, de sua continuação.[243]

Deus, porém, não aceita sacrifícios humanos. Ele quer a vida e a obediência dos homens, não a sua morte. Ele quer obediência!

Em terceiro lugar, *a instrução é dada*. Depois da frustrada tentativa do réu em dirimir sua culpa pelo expediente insuficiente dos ritos sagrados sem vida de santidade, a promotoria dá instrução ao réu daquilo que o reto juiz, o querelante, espera do querelado. Veja o relato feito por Miqueias: "Ele te declarou, ó homem, o que é bom e que é o que o Senhor pede de ti: que pratiques a justiça, e ames a misericórdia, e andes humildemente com o teu Deus" (6.8).

Longe de estar em desacordo com o culto, o que se requer do povo da aliança é que preste a Deus não um culto pela metade, mas um culto inteiro.[244]

Deus declarou o que é bom ao seu povo e pede a ele que transforme a religiosidade de ritos em religiosidade de vida; que transforme a liturgia ritualista em prática de justiça; que transforme o culto em obediência. A essência do que é bom é revelado por Deus e não descoberto pelo homem. O que Deus estava pedindo do povo? Sua resposta enfatizou a conduta ética e moral e não as cerimônias religiosas.[245] Três coisas são mencionadas:

A prática da justiça (6.8). A palavra hebraica *mishpat* que Miqueias usa aqui significa literalmente o caminho prescrito, a ação correta ou o modo apropriado de vida.[246]

Não basta conhecer a justiça, é preciso praticá-la. Conhecê-la e violá-la é cometer um crime doloso. A justiça não pode estar presente apenas nos códigos de leis e na retórica dos tribunais, mas nas ações práticas do povo.

Armor Peisker, interpretando a palavra *mishpat*, diz que devemos ser verdadeiros e sinceros com nós mesmos, com Deus, com as obrigações civis e econômicas, e em todas as outras relações com os seres humanos (Pv 21.3; Am 5.23,24; Zc 8.16).[247]

Zabatiero tem razão quando diz que praticar a justiça no contexto de Miqueias é não acumular terras, não explorar as famílias, não distorcer a teologia, usando como legitimação ideológica, é não corromper os julgamentos, não falsificar a Palavra de Deus, não construir Jerusalém com o sangue do povo.[248]

O amor à misericórdia (6.8). A palavra hebraica, *hesed,* traduzida por "misericórdia", significa bondade, generosidade, lealdade e fidelidade.[249]

A misericórdia é um passo além da justiça. A misericórdia dá mais do que a justiça requer. A justiça concede o que o direito requer, a misericórdia concede o que o amor exige.

Concordo com Armor Peisker quando diz que a misericórdia é uma qualidade mais sublime que a justiça. Ser justo significa dar a todos o que lhes é devido, ao passo que misericórdia indica bondade, compaixão e amor até por quem não estamos diretamente em dívida.[250]

A misericórdia não deve ser apenas praticada, mas também amada. Não basta fazer o que é certo, devemos fazê-lo com a motivação certa. A obediência sem amor desemboca em legalismo. Amar a misericórdia é defender o fraco, o pobre, o desprovido, o humilde, aquele que não tem vez nem voz numa sociedade que privilegia os poderosos.

O andar humildemente com Deus (6.8). A palavra hebraica *tsana*, traduzida por "humildemente", traz a ideia de uma aproximação modesta, com decoro.[251] É curvar-se para andar com Deus.

Se as duas primeiras instruções falam da nossa relação com os homens, esta fala da nossa relação com Deus.[252] Se as duas primeiras falam da segunda tábua da lei, esta fala da primeira tábua da lei. Essas três instruções são uma síntese de toda a lei de Deus. Não podemos cumprir as duas primeiras sem observar esta. Só podemos praticar a justiça e amar a misericórdia se andarmos humildemente com Deus.

Armor Peisker está com razão quando afirma que essa exigência é maior que as outras duas. É o motivo do qual as outras emanam.[253] Somente seremos plenamente humanos se reconhecermos que estamos debaixo da autoridade de Deus.

Concordo com Warren Wiersbe, quando diz que nenhum de nós é capaz de fazer aquilo que Deus ordena sem antes nos achegarmos ao Senhor como pecadores quebrantados que carecem da salvação.[254]

Este triplo mandamento: praticar a justiça, amar a misericórdia e andar humildemente com Deus não deve ser desmembrado. É possível praticar a justiça severa e inflexível sem misericórdia. Também pode haver misericórdia sem justiça. Não é raro o indivíduo professar que anda humildemente com Deus, mas dá à justiça e à misericórdia pouco espaço em sua vida.[255]

A exigência do tribunal é clara: requer do povo uma vida inteira, uma vida certa com Deus e com os homens.

O povo de Deus julgado pelo reto e justo juiz (6.9-16)

Se os versículos 1 a 8 trataram do processo, os versículos 9 a 16 tratarão do julgamento. Três cenas são descritas no texto.

Em primeiro lugar, *o juiz ordena que o réu ouça com temor a sua sentença*. O profeta Miqueias escreve: "A voz do Senhor clama à cidade (e é verdadeira sabedoria temer-lhe o nome): Ouvi, ó tribos, aquele que a cita" (6.9).

Aquele foi um tempo de grande êxodo rural. Os camponeses tiveram suas vilas, cidades e terras invadidas ou arrebatadas de suas mãos pelos invasores assírios e pelos ricos avarentos.

Maillot diz que as cidades tinham se tornado os lugares geométricos da injustiça. Nelas se concentrava o pecado.[256] As cidades eram o reduto do pecado, da opressão, da injustiça, da imoralidade.

A cidade aqui é um símbolo das forças políticas, religiosas e econômicas que se uniram para oprimir os desamparados e os necessitados. Jerusalém seria destruída por ter se transformado num centro de idolatria (1.5,9) e de violência (3.9-12).

Logo que Jerusalém passou de uma economia rural para uma economia monetária, os novos ricos e a crescente classe de comerciantes deixaram os valores proclamados na lei mosaica.[257]

O dinheiro passou a ser vetor da vida deles. O amor ao lucro os fez sucumbir espiritual e moralmente. Por isso eles foram levados ao tribunal e julgados. Agora, o julgamento terminou. O réu é convocado a ouvir a sentença e a receber o justo castigo.

Em segundo lugar, *o juiz mostra os dispositivos que o réu infringiu* (6.10-12). O réu infringiu quatro dispositivos, que são aqui apontados pelo juiz:

O crime das riquezas mal adquiridas (6.10). "Ainda há na casa do ímpio, os tesouros da impiedade." Os ricos estavam acumulando suas riquezas em Jerusalém não com trabalho honesto, mas com a exploração dos pobres. Com ganância insaciável juntavam casa a casa e campo a campo e se tornavam os únicos senhores da terra (Is 5.8).

Havia em Jerusalém famílias afortunadas sustentadas pelo crime e pela exploração.

O crime dos mecanismos de corrupção no comércio (6.10b,11). "[...] e o detestável efa minguado? Poderei eu inocentar balanças falsas e bolsas de pesos enganosos?"

O profeta passa dos tesouros da impiedade para as formas de enriquecimento. Miqueias explica então como essas pessoas enriqueceram: fraudando as medidas e os pesos. Os ricos comerciantes e revendedores, numa vergonhosa fraude comercial usavam balanças falsas, pesos e medidas adulteradas e com isso lucravam tanto na venda quanto na compra de seus produtos. Eles usavam aferidores tanto de medida quanto de peso para subtrair dos pobres e aumentar seus lucros.

Os comerciantes cometiam um crime premeditado contra aqueles que não tinham condições de se defender.

Essas práticas corruptas dos negociantes de Jerusalém eram abomináveis aos olhos de Deus.

O Senhor se sente pessoalmente atacado quando os pesos das balanças são falsificados. O Senhor, o Deus da justiça, não aceita os homens que praticam a injustiça.[258]

Fazia trinta ou quarenta anos que Amós havia condenado Samaria pelas mesmas práticas ímpias (Am 8.4-6).[259]

Vale ressaltar que Deus não está condenando os ricos por possuírem riquezas, mas por serem avarentos e injustos. O pecado não é possuir dinheiro, mas ser possuído por ele. O problema não é guardar o dinheiro no bolso, mas entesourá-lo no coração.

O crime da violência contra os pobres (6.12). "Porque os ricos da cidade estão cheios de violência." A violência dos ricos evidenciava-se na maneira injusta deles saquearem os bens dos pobres, subornando os tribunais, comprando os juízes e corrompendo os sacerdotes e profetas para que eles não denunciassem seus pecados.

Miqueias chama esses ricos avarentos de canibais (3.2,3). Sem qualquer sentimento de piedade, esses avarentos, na linguagem figurada do profeta, faziam na panela um guisado da carne e dos ossos do povo do Senhor.[260]

O crime da mentira (6.12b). "[...] e os seus habitantes falam mentiras, e a língua deles é enganosa na sua boca." Os habitantes de Jerusalém escondiam seus crimes atrás de palavras mentirosas. A língua deles não era um veículo da verdade, mas um canal do engano. Eles mentiam em seus negócios e na prática comercial. Eles mentiam no culto e na oferenda de sacrifícios, pois pensavam em comprar a Deus com rituais, apenas para permanecerem na prática vergonhosa de seus pecados.

MIQUEIAS – a justiça e a misericórdia de Deus

As Escrituras dizem que Deus abomina a mentira (Pv 6.16-19). Ela procede do maligno. Os mentirosos não herdarão o reino de Deus (Ap 21.8).

Em terceiro lugar, *o juiz aplica a sentença* (6.13-16). Depois que o réu foi conclamado a se defender. Depois que o júri foi instruído e a defesa falou. Depois que foi feita a instrução do processo, e o juiz expôs os dispositivos infringidos pelo réu, a sentença do réu foi aplicada. A sentença do juiz foi detalhada em cinco partes:

O réu colherá o que plantou (6.13). "Assim, também passarei eu a ferir-te e te deixarei desolada por causa dos teus pecados." O povo haveria de beber o refluxo do próprio fluxo. O mal cometido contra Deus e contra o próximo haveria de cair sobre sua cabeça. Aqueles que oprimiram os outros seriam oprimidos. Aqueles que saquearam os bens dos outros teriam seus bens pilhados pelo invasor.

Jerusalém seria cercada e arrasada, e o povo levado cativo para a Babilônia. Embora o cerco e o cativeiro fossem impostos pela Babilônia, o agente da ação é Deus. É Deus quem fere; é Deus quem deixa seu povo desolado. A Babilônia é apenas o instrumento; Deus é o agente da ação.

O réu experimentará uma insatisfação crônica (6.14). "Comerás e não te fartarás; a fome estará nas tuas entranhas." Os ricos não teriam satisfação nas suas riquezas. Eles não se sentiriam seguros em suas casas; eles não se aqueceriam dentro de suas roupas nem sentiriam sabor em suas requintadas refeições. O pecado provoca dentro do homem uma brutal insatisfação. Há uma fome insaciável no coração do pecador. Nenhuma coisa deste mundo pode preencher o seu vazio. Ele tem tudo, mas esse tudo não lhe satisfaz.

O profeta Amós, quatro décadas antes, ergueu a trombeta e denunciou esse mesmo crime em Samaria:

> Portanto, visto que pisais o pobre e dele exigis tributo de trigo, não habitareis nas casas de pedras lavradas que tendes edificado; nem bebereis do vinho das vides desejáveis que tendes plantado (Am 5.11).

O profeta Ageu, duzentos anos depois, identificou o mesmo problema na vida do povo que retornara do cativeiro babilônico (Ag 1.6).

O réu perderá seus bens (6.14b). "[...] removerás os teus bens, mas não os livrarás; e aquilo que livrares, eu o entregarei à espada."

A riqueza mal adquirida não protegerá o homem nem o homem poderá protegê-la. Aquilo que foi tomado e retido com fraude do trabalhador clama a Deus nos céus (Tg 5.4).

Os invasores caldeus cercariam Jerusalém, arrasariam seus palácios, saqueariam suas riquezas, e essas riquezas da impiedade seriam pilhadas irremediavelmente.

Richard Sturz diz que durante uma invasão escondem-se os bens de valor, na tentativa de salvá-los dos saqueadores. Contudo, a sentença é clara: nada se salvará do invasor.[261]

Armor Peisker com lucidez afirma que o ganho adquirido perversamente é perda; a prosperidade adquirida injustamente não subsiste; o bem-estar obtido por coação não é desfrutado por muito tempo. A felicidade e poder buscados por pecadores sempre os iludem, porque os meios pelos quais os buscam não são congruentes com os fins.[262]

O réu terá seus investimentos frustrados (6.15,16a).

> Semearás; contudo, não segarás; pisarás a azeitona, porém não te ungirás com azeite; pisarás a vindima; no entanto, não lhe beberás o

vinho, porque observaste os estatutos de Onri e todas as obras da casa de Acabe e andastes nos conselhos deles.

Se os bens duráveis não estão seguros (6.14), muito menos os produtos da terra. Naquela época, as invasões militares eram planejadas para coincidir com as colheitas.[263]

Todos os investimentos que haviam sido feitos se tornariam inúteis. O que eles ajuntaram com tanta ganância não seria usufruído. A semeadura deles seria colhida por outros. Seus ribeiros de azeites untariam a cabeça de outros. Suas talhas de vinho seriam bebidas por outros.

A frustração de seus investimentos era decorrente da adesão do povo de Judá à idolatria de Onri e Acabe, reis do Reino do Norte. Esses homens, além de idólatras, foram também perversos e maus. Acabe casou-se com Jezabel, de Tiro, e ela introduziu em Israel as grosseiras imoralidades do baalismo.

A idolatria e a imoralidade que destruíram o Reino do Norte estavam sendo agora copiadas pelo povo da aliança do Reino do Sul. Em vez de observar a Palavra do Rei dos reis, o povo de Judá observou os estatutos de Onri e Acabe, os piores reis de Israel.

Richard Sturz afirma que Judá escolheu não observar os estatutos de Moisés. Essa escolha, porém, trouxe consigo a calamidade. Não se brinca com Deus. Escolher desobedecer é assinar a própria sentença.[264]

Jerusalém colheria a mesma triste sorte de Samaria, seria levada para o cativeiro!

O réu sofrerá derrota acachapante (6.16b). "Por isso eu farei de ti uma desolação e dos habitantes da tua cidade, um alvo de vaias; assim, trareis sobre vós o opróbrio dos povos."

O juiz sentencia o réu com uma prisão de setenta anos. O exército caldeu cercaria Jerusalém dentro de poucas décadas, quebraria seus muros, derrubaria o templo, colocaria abaixo os palácios, saquearia as riquezas, passaria ao fio da espalha milhares de judeus e levaria o restante para um amargo cativeiro de setenta anos na Babilônia.

Deus mesmo, o reto e justo juiz, é quem faz do seu povo uma desolação. Deus mesmo é quem traz sobre o povo o opróbrio dos povos.

Esse juízo de Deus foi o juízo da disciplina. O povo foi levado para o cativeiro, mas de lá Deus o restaurou. Deus perdoou seus pecados e lançou suas transgressões nas profundezas do mar. Haverá um dia, porém, que todos os homens terão de comparecer perante o tribunal de Cristo. Naquele dia, aqueles que forem apanhados despreparados, serão banidos para sempre da presença de Deus e sofrerão a penalidade de eterna destruição.

Agora é o tempo oportuno de acertarmos nossa vida com Deus, praticando a justiça, amando a misericórdia e andando humildemente com o Senhor!

Notas do capítulo 7

[226] Sturz, Richard J. *Miqueias* em *Obadias, Jonas, Miqueias, Naum, Habacuque e Sofonias*, p. 253.

[227] Crabtree, A. R. *Profetas menores*, p. 173.

[228] Crabtree, A. R. *Profetas menores*, p. 174.

[229] Zabatiero, Júlio Paulo Tavares. *Miqueias: Voz dos sem-terra*, p. 115.

[230] Sturz, Richard J. *Miqueias* em *Obadias, Jonas, Miqueias, Naum, Habacuque e Sofonias*, p. 257.

[231] Spurgeon, Charles H. *Spurgeon's sermon notes*. Hendrikson Publishers. Peabody, MA, 1997, p. 315-317.

[232] Sturz, Richard J. *Miqueias* em *Obadias, Jonas, Miqueias, Naum, Habacuque e Sofonias*, p. 257.

[233] Maillot, A. e Lelièvre, A. *Atualidade de Miqueias*, p. 144.

[234] Sturz, Richard J. *Miqueias* em *Obadias, Jonas, Miqueias, Naum, Habacuque e Sofonias*, p. 259.

[235] Sturz, Richard J. *Miqueias* em *Obadias, Jonas, Miqueias, Naum, Habacuque e Sofonias*, p. 259,260.

[236] Sturz, Richard J. *Miqueias* em *Obadias, Jonas, Miqueias, Naum, Habacuque e Sofonias*, p. 260.

[237] Wiersbe, Warren W. *Comentário bíblico expositivo*. Vol. 4, p. 495.

[238] Crabtree, A. R. *Profetas menores*, p. 176.

[239] Maillot, A. e Lelièvre, A. *Atualidade de Miqueias*, p. 147.

[240] Maillot, A. e Lelièvre, A. *Atualidade de Miqueias*, p. 148.

[241] Maillot, A. e Lelièvre, A. *Atualidade de Miqueias*, p. 138.

[242] Sturz, Richard J. *Miqueias* em *Obadias, Jonas, Miqueias, Naum, Habacuque e Sofonias*, p. 261.

[243] Maillot, A. e Lelièvre, A. *Atualidade de Miqueias*, p. 148.

[244] Maillot, A. e Lelièvre, A. *Atualidade de Miqueias*, p. 149.

[245] Wiersbe, Warren W. *Comentário bíblico expositivo*. Vol. 4, p. 496.

[246] Grant, George. *The Micah Mandate*, p. 29.

[247] Peisker, Armor D. *O livro de Miqueias* in *Comentário bíblico Beacon*. Vol. 5, p. 191.

[248] Zabatiero, Júlio Paulo Tavares. *Miqueias: Voz dos sem-terra*, p. 118.

[249] Grant, George. *The Micah mandate*, p. 31.

[250] Peisker, Armor D. *O livro de Miqueias* in *Comentário bíblico Beacon*. Vol. 5, p. 191.

[251] Grant, George. *The Micah mandate*, p. 33.

[252] Sturz, Richard J. *Miqueias* em *Obadias, Jonas, Miqueias, Naum, Habacuque e Sofonias*, p. 262.

O povo de Deus no banco dos réus

[253] PEISKER, Armor D. *O livro de Miqueias* em *Comentário bíblico Beacon*. Vol. 5, p. 192.

[254] WIERSBE, Warren W. *Comentário bíblico expositivo*. Vol. 4, p. 497.

[255] PEISKER, Armor D. *O livro de Miqueias* em *Comentário bíblico Beacon*. Vol. 5, p. 192.

[256] MAILLOT, A. e LELIÈVRE, A. *Atualidade de Miqueias*, p. 153.

[257] STURZ, Richard J. *Miqueias* em *Obadias, Jonas, Miqueias, Naum, Habacuque e Sofonias*, p. 263,264.

[258] CRABTREE, A. R. *Profetas menores*, p. 178.

[259] STURZ, Richard J. *Miqueias* em *Obadias, Jonas, Miqueias, Naum, Habacuque e Sofonias*, p. 264,265.

[260] CRABTREE, A. R. *Profetas menores*, p. 178,179.

[261] STURZ, Richard J. *Miqueias* e, *Obadias, Jonas, Miqueias, Naum, Habacuque e Sofonias*, p. 267.

[262] PEISKER, Armor D. *O livro de Miqueias* em *Comentário bíblico Beacon*. Vol. 5, p. 194.

[263] STURZ, Richard J. *Miqueias* em *Obadias, Jonas, Miqueias, Naum, Habacuque e Sofonias*, p. 267,268.

[264] STURZ, Richard J. *Miqueias* em *Obadias, Jonas, Miqueias, Naum, Habacuque e Sofonias*, p. 269.

Capítulo 8

A esperança que nasce do desespero
(Mq 7.1-20)

CERTA FEITA, DIÓGENES SAIU ÀS RUAS de Atenas, em pleno meio-dia, com lanterna acesa na mão, procurando atentamente alguma coisa. Alguém incomodado com seu gesto, o interpelou: "Diógenes, o que você procura?" Ele respondeu: "Eu procuro um homem". Como Diógenes, em Atenas, e Jeremias, em Jerusalém (Jr 5.1), Miqueias procura uma pessoa honesta em Judá, mas não a encontra.[265]

O profeta campesino está fechando as cortinas de sua profecia. Nessa última mensagem, ele descortina o coração, abre o cofre da alma e demonstra sua angústia ao ver a corrupção generalizada da sua nação. Ele não é um profeta insensível. Não é um homem sádico. Ele sente dores na alma ao ver que Jerusalém caminha como Sodoma para a destruição, porque não tem nela homens justos o suficiente para ela ser poupada.[266]

Ao mesmo tempo, o profeta levanta os olhos para o Senhor e encontra nele a esperança do perdão e da restauração. Quando olhamos para a condição do povo de Deus, o desespero toma conta da nossa alma, mas quando olhamos para o Deus da aliança, para aquele que é rico em perdoar e tem prazer na misericórdia, então, podemos erguer um hino de louvor mesmo no vale sombrio da dor.

Vamos considerar aqui três grandes verdades: o desespero, a confiança e a esperança do profeta.

O desespero do profeta (7.1-6)

Miqueias olha para a condição moral e espiritual do seu povo e solta um profundo gemido. Ele escancara sua alma e prorrompe num grito de desespero. Alguns escritores entendem que Miqueias está descrevendo o tempo do reinado do ímpio rei Acaz, enquanto outros opinam que o reavivamento religioso ocorrido durante o reinado de Ezequias não tinha produzido nenhum fruto quanto à justiça social, levando Miqueias a sentir um profundo vazio espiritual.[267] Destacamos dois fatos dignos de observar:

Em primeiro lugar, *a dor solitária do profeta* (7.1). Miqueias escreve: "Ai de mim! Porque estou como quando são colhidas as frutas do verão, como os rabiscos da vindima: não há cacho de uvas para chupar, nem figos temporãos que a minha alma deseja."

Miqueias não olha com indiferença a situação desoladora de sua nação. Ele se identifica com seu povo e geme. Ele vê sua terrível condição e grita de dor. Nos versículos 2 a 6, o

A esperança que nasce do desespero

profeta descreve a terrível condição espiritual do povo, mas no versículo 1, ele a ilustra.

Dionísio Pape diz que Miqueias comparou Israel a um pomar ou a uma videira após a época da colheita.[268]

Charles Feinberg, nessa mesma linha de pensamento, acrescenta que Israel estava tão carente de pessoas de bem como um pomar ou vinha ficam carentes de frutos depois da colheita.[269]

Encontrar um homem piedoso era tão impossível quanto colher frutos depois da safra ou como encontrar um suculento cacho de uvas depois da vindima.

Miqueias está curtindo a mesma dor de Elias, sentindo-se só no meio de uma geração que velozmente se entregou à maldade. Israel se transformara numa videira que produzira uvas da má qualidade (Is 5) e, agora, não havia mais nenhum fruto bom (7.1).

Em segundo lugar, *a degradação generalizada do povo da aliança* (7.2-6). Ao diagnosticar a aguda e crônica enfermidade de Judá, Miqueias identifica seis graves problemas, que ele passa a apontar:

A apostasia generalizada (7.2). "Pereceu da terra o piedoso, e não há entre os homens um que seja reto." Os piedosos tinham sido perseguidos, banidos e destruídos. Havia uma total ausência de piedosos e uma desastrada presença da impiedade naquela sociedade.

A apostasia estendeu seus tentáculos a todo o povo. Uma generalizada corrupção atingiu os reis, os juízes, os sacerdotes, os profetas, os ricos, e todo o restante do povo. O cenário era absolutamente sombrio.

A deslealdade generalizada (7.2b). "[...] todos espreitam para derramarem sangue; cada um caça a seu irmão com rede."

Richard Sturz está correto quando diz que a primeira linha fala do mal passivo; a segunda, do ativo. Um fica à espreita, outro persegue com uma arma injusta. E, por fim, o primeiro é genérico; o segundo destrói o mais estreito dos vínculos.[270]

Nas palavras de Calvino, o profeta Miqueias está destacando a crueldade, a fraude e a perfídia.[271] Os homens tornaram-se feras selvagens. Eles olhavam para os seus irmãos não como alguém a defender, mas como a alguém a explorar, a devorar.

A violência, embora velada, era planejada e levada a efeito, não contra os inimigos, mas contra os próprios irmãos. Não havia qualquer evidência de consciência social. A falta de lealdade tornou-se a marca registrada daquela sociedade.

A corrupção generalizada da liderança (7.3).

> As suas mãos estão sobre o mal e o fazem diligentemente; o príncipe exige condenação, o juiz aceita suborno, o grande fala dos maus desejos de sua alma, e, assim, todos eles juntamente urdem a trama.

A liderança política, o poder judiciário e os ricos, os detentores do poder econômico, uniram-se num conluio criminoso para perverter a justiça, para corromper os tribunais e para oprimir os pobres indefesos. A liderança de Judá tinha mãos ágeis para o jogo sujo.

Maillot diz que está aqui o cipoal das cumplicidades, dos comprometimentos e das chantagens.[272] Os ricos avarentos sabiam que os príncipes e os juízes estavam ao seu serviço. Amantes do dinheiro que eram os juízes, estavam prontos a absolver o mais culpado dos réus, mas não sem gorda recompensa.[273]

Os príncipes não governavam mais para o povo, mas contra o povo. Os juízes, mercenários, esqueciam-se de qualquer crime, transformando vícios em virtude, desde que recebessem a suja propina. Eles não eram mais os guardiões da lei, mas os transgressores mais abusados.

Os ricos, confiantes de que tanto os príncipes quanto os juízes estavam em suas mãos, por causa do suborno, não apenas praticavam crimes, mas também os alardeavam com arrogante empáfia. Eles estavam blindados pela certeza da impunidade e podiam tapar a boca dos juízes a qualquer hora com compra vergonhosa de sentenças.

Corroborando com esse pensamento, Richard Sturz escreve:

> A rede é preparada com a participação de todos. Cada um faz sua parte. Ninguém é inocente. Toda a liderança política é condenada conjuntamente. Quanto aos fracos, não têm meios de escapar da associação criminosa daqueles. O réu não tem nenhuma chance. O mal é premeditado; os resultados certamente virão.[274]

A degradação generalizada da liderança (7.4). "O melhor deles é como um espinheiro; o mais reto é pior do que uma sebe de espinhos."

Miqueias como homem do campo, usa uma figura da agricultura para ilustrar a maldade acumulada dos líderes de Jerusalém. Ao se procurar os homens de bem da cidade da paz, o melhor que se encontrava era como uma moita de espinhos. Se o melhor deles era como um espinheiro e o mais reto como uma sebe de espinhos, como seria, então, o pior deles?

Miqueias não vê esperança na liderança política, judiciária e religiosa da sua nação. A degradação tinha chegado ao nível mais baixo. Era o fim da linha.

Maillot diz que o exemplo vem de cima e que, se o exercício da justiça for substituído pelo desejo do ganho,

MIQUEIAS – a justiça e a misericórdia de Deus

essa perversão se estenderá a toda a sociedade. O povo não se conserva puro quando as chamadas elites se desviam.[275]

Diante dessa degradação generalizada, Miqueias sentencia: "É chegado o dia anunciado por tuas sentinelas, o dia do teu castigo; aí está a confusão deles" (7.4b). O profeta é a sentinela que vê o perigo enquanto todos dormem.

O colapso generalizado das relações humanas (7.5). "Não creiais no amigo, nem confieis no companheiro." A lealdade e a amizade eram valores perdidos naquela sociedade. A confiança mútua era uma página virada na história do povo de Deus. A sinceridade nos relacionamentos era algo do passado. As relações humanas haviam entrado em total colapso. A palavra de um amigo e de um companheiro já não tinha mais nenhum peso ou valor. O tecido social estava completamente puído. Os laços mais fortes estavam completamente destruídos. O amor ao dinheiro produziu uma anarquia total. Os relacionamentos foram sacrificados por causa da ganância. O amor ao dinheiro sobrepujou o amor a Deus e às pessoas. A avareza levou o povo a quebrar as duas tábuas da lei.

O colapso generalizado das relações familiares (7.5b,6).

Guarda a porta de tua boca àquela que reclina sobre o teu peito. Porque o filho despreza o pai, a filha se levanta contra a mãe, a nora, contra a sogra; os inimigos do homem são os da sua própria casa.

A família, a unidade fundamental da sociedade, encontrava-se em acelerado processo de desintegração.[276] Jesus chegou a citar Miqueias 7.6, em Mateus 10.36, quando falou do desbarrancamento dos valores familiares e da guerra civil que a família se transformaria.

A relação entre marido e mulher, pai e filho, mãe e filha, sogra e nora tornou-se uma rede de traições, intrigas e inimizades. A família, a guardiã dos valores morais, o abrigo mais seguro da amizade, do amor e da lealdade também sucumbiu pelos efeitos arrasadores desse terremoto moral que abalou a nação.

A violência não está apenas no palácio e nos tribunais. A maldade não está apenas nas altas rodas da economia. A injustiça não está apenas nos mercados e no templo religioso. Ela está também dentro da família. O último refúgio de esperança está reduzido a pó.

Charles Feinberg dá o seu grito de alerta: "Quando Deus não é honrado como deve sê-lo, não há laço humano que sobreviva".[277]

A sociedade contemporânea não é muito diferente da decadente Judá. Hoje, assistimos crimes bárbaros dentro da própria família. O lar deixou de ser um lugar de refúgio para ser uma arena de disputas. Os filhos não respeitam mais os pais.

Maillot, comentando sobre essa rebeldia dos filhos contra os pais, faz uma oportuna e urgente advertência:

> Quem não vê que um jovem que julga ter só direitos, e nenhum dever; que não conhece normas, nem os da ortografia, que é felicitado quando trata seu pai como a um velho imbecil, quem não vê que esse jovem jamais chegará à idade adulta, que jamais saberá o que é dever, que jamais conseguirá vencer um obstáculo, aceitar uma regra, assumir uma obrigação, respeitar outro homem. É uma heresia antiga, muito antiga, da civilização, na qual a criança é rei em casa ou na escola. O primeiro dever dos pais é resistir e não sucumbir. Os que sucumbem a essa demagogia recebem apenas desprezo daqueles que eles queriam adular.[278]

A confiança do profeta (7.7-13)

Miqueias olhou para a terra, e seu coração cobriu-se de desespero; ele olhou para o céu, e sua alma encheu-se de esperança. Os amigos e a família podem falhar, mas Deus jamais falhará.

A confiança nos relacionamentos de marido e mulher, pais e filhos, sogras e noras pode entrar em colapso, mas Deus é absolutamente confiável. A despeito da impiedade generalizada (7.2), a despeito da opressão política (7.3), a despeito da desagregação familiar (7.5,6), Miqueias olhará para o Senhor, o Deus da aliança (7.7).[279]

Cinco verdades preciosas são destacadas por Miqueias no texto em apreço.

Em primeiro lugar, *ele olhou para Deus em vez de olhar para as circunstâncias* (7.7). No vale mais sombrio das circunstâncias desesperadoras, Miqueias olhou para Deus e encontrou pouso seguro para sua alma. Ele escreve: "Eu, porém, olharei para o Senhor e esperarei no Deus da minha salvação; o meu Deus me ouvirá".

Olhar apenas para as circunstâncias é encharcar nossa alma de medo. Geazi olhou apenas para os soldados da Síria e ficou com medo. Davi olhou para o ataque implacável dos amalequitas contra sua família e muito se angustiou. Pedro olhou para a força do medo e o barulho das ondas e começou a afundar. Miqueias enquanto estava concentrado nos problemas da nação também se desesperou. Todavia, quando voltou seu olhar para Deus, o Deus da sua salvação, compreendeu que ele era poderoso para responder ao seu clamor e restaurar sua sorte.

Armor Peisker diz acertadamente que todos os homens de Deus deveriam tomar a tripla resolução de Miqueias, sobretudo em tempos difíceis. Ela foi: 1) uma resolução de fé: "Olharei"; 2) uma resolução de paciência: "Esperarei"; e 3) uma resolução de esperança: "Deus ouvirá".[280]

A esperança que nasce do desespero

A confiança de Miqueias não é num ídolo vão. Ele não confia numa divindade vaga. Ele está colocando os olhos no seu Deus, no Deus da sua salvação, o único Deus vivo e verdadeiro.

Richard Sturz diz acertadamente que a oração tornou-se o grande esteio do ministério de Miqueias.[281]

Em segundo lugar, *ele olhou para a restauração divina em vez de olhar para a sua queda* (7.8). Miqueias se coloca no lugar do povo de Deus e se dirige aos seus inimigos que escarneciam de sua desolada condição: "Ó inimiga minha, não te alegres a meu respeito; ainda que eu tenha caído, levantar-me-ei; se morar nas trevas, o Senhor será a minha luz".

Assim como a igreja é vista como a noiva do Cordeiro, seus inimigos são tratados como uma mulher ímpia que se regozija com os infortúnios do povo de Deus. Essa inimiga pode ser Edom, a Assíria, a Babilônia ou todos aqueles que ao longo dos séculos se levantaram contra a igreja de Cristo para alegrar-se com suas desventuras.

Miqueias entende que a queda do povo de Deus não é fatal. O justo cai até sete vezes, mas se levanta. Os filhos de Deus podem tropeçar e cair, mas eles não ficam caídos. Deus mesmo os levanta e os tira da escuridão para a sua luz. A alegria dos inimigos da igreja é infundada e passageira, pois a sua restauração é certa e segura. Como Deus foi o agente de sua disciplina, também o será de sua restauração.

Em terceiro lugar, *ele olhou para a justiça divina em vez de desculpar-se de seu pecado* (7.9). Miqueias, falando ainda em nome do povo de Deus, diz: "Sofrerei a ira do Senhor, porque pequei contra ele, até que julgue a minha causa e execute o meu direito; ele me tirará para a luz, e eu verei a sua justiça."

Longe de Miqueias buscar subterfúgios para esconder ou justificar o pecado do povo, confessa que o povo nada merece senão a ira de Deus. O pecado não fica impune mesmo quando é cometido pelo povo de Deus. Na verdade, o povo de Deus é mais culpado do que o mundo quando peca, pois peca contra o conhecimento, o amor e a graça de Deus. Destacamos no texto em tela cinco verdades solenes:

O pecado tem consequências inevitáveis. Miqueias entende que sofrerá a ira do Senhor por ter pecado contra ele. O pecado é maligníssimo. Ele nos afasta de Deus e atrai sobre nós a ira justa de Deus. O salário do pecado é a morte. Deus perdoa o pecado, mas não anula suas consequências. Davi pecou e foi perdoado por Deus, mas a espada jamais se apartou da sua casa.

O pecado é cometido principalmente contra Deus. A nação tinha pecado de várias formas. Havia injustiça nos tribunais, corrupção no comércio, violência nos relacionamentos e infidelidade nos laços familiares, mas Miqueias, ao confessar o pecado da nação, diz que ela pecou contra o Senhor. Assim também agiu Davi ao confessar seu pecado: "Pequei contra ti, contra ti somente, e fiz o que é mal perante os teus olhos." (Sl 51.4).

O pecado é um atentado contra a santidade de Deus. É um ato de rebeldia contra a bondade de Deus.

O pecado não fica encoberto aos olhos de Deus. Deus usou as nações para disciplinar o seu povo (Hc 1.5,6), mas elas se tornaram culpadas quando foram além da missão a elas confiada. Essas nações oprimiram o povo de Deus, escarneceram de sua desolada condição. Deus, então, julgou a sua causa, executou o seu direito e trouxe o seu povo para a luz e lhe mostrou a sua justiça. Se, em Miqueias 6.2, Deus havia se apresentado como promotor para acusar o seu povo; agora se apresenta como advogado de defesa para pleitear a causa do povo (7.9).

A confissão do pecado é o remédio da cura. Quando o povo de Deus reconhece o pecado e o confessa, encontra o caminho do perdão, da cura e da restauração. A Palavra de Deus é clara: "O que encobre as suas transgressões jamais prosperará; mas o que as confessa e deixa alcançará misericórdia" (Pv 28.13).

O apóstolo João é enfático: "Se confessarmos os nossos pecados, ele é fiel e justo para nos perdoar os pecados e nos purificar de toda injustiça" (1Jo 1.9).

A tristeza segundo Deus produz arrependimento para a vida (2Co 7.10). Não é a tristeza apenas pelas consequências do pecado, mas a tristeza pelo pecado.

A certeza do perdão é a consumação da cura. O povo de Deus não vive mais atormentado pelos seus pecados. Para o perverso, não existe paz (Is 57.21), porque ele não se livra da condenação, do poder e da presença do seu pecado; mas o povo de Deus já foi liberto da condenação do pecado, na justificação está sendo liberto do poder do pecado na santificação; e será liberto da presença do pecado na glorificação.

Em quarto lugar, *ele olhou para o julgamento de Deus sobre os seus inimigos, em vez de viver achatado pelas suas afrontas* (7.10). Miqueias, em nome do povo de Deus, como que num salmo imprecatório, proclama:

> A minha inimiga verá isso, e a ela cobrirá a vergonha, a ela que me diz: Onde está o Senhor, teu Deus? Os meus olhos a contemplarão; agora, será pisada aos pés como a lama das ruas.

Os inimigos do povo de Deus serão cobertos de vergonha ao ver sua ruína e a restauração do povo de Deus. Ao mesmo tempo em que a grande Meretriz, a grande Babilônia cai, a noiva, a esposa do Cordeiro, a igreja de Cristo, é glorificada. Aqueles que zombam do povo de Deus porque ele está desolado pela disciplina, como se Deus o tivesse abandonado, envergonha-se-ão, pois o povo de Deus será restaurado, mas os zombadores serão pisados nas ruas como lama. Escarnecer do povo de Deus é se levantar contra o próprio Deus para insultá-lo.

Maillot diz que ridicularizar o povo de Deus é ridicularizar o próprio Deus.[282] Quem toca no povo de Deus toca na menina dos seus olhos. Perseguir a igreja é perseguir o próprio Senhor da igreja. Deus tem zelo pelo seu povo.

Em quinto lugar, *ele olhou para a prosperidade permanente do seu povo em vez de contemplar sua desolação temporária.* Miqueias escreve:

> No dia da reedificação dos teus muros, nesse dia, serão os teus limites removidos para mais longe. Nesse dia, virão a ti, desde a Assíria até as cidades do Egito, e do Egito, até ao rio Eufrates, e do mar até ao mar, e da montanha até à montanha. Todavia, a terra será posta em desolação, por causa dos seus moradores, por causa do fruto das suas obras (7.11-13).

Numa visão prospectiva, Miqueias contempla, pelos olhos da fé, o tempo quando Jerusalém seria reconstruída e seus limites seriam ampliados e as fronteiras de Israel alargadas (7.11). Nesse tempo, pessoas vindas de todos os lados buscariam o seio hospitaleiro de Jerusalém. Seus limites seriam ampliados, indo do mar Mediterrâneo ao mar Morto, do monte Hermom ao monte Sinai (7.12). Obviamente, essa é uma profecia acerca da igreja de Deus, que abriga a todos aqueles que creem em Cristo e vêm de entre todos os povos (Ap 5.9).

A esperança que nasce do desespero

Mesmo contemplando a restauração futura de Jerusalém, tipo e símbolo da igreja de Cristo, Miqueias faz questão de repetir a desolação de Jerusalém por causa dos seus moradores e por causa do fruto de suas obras (7.13). As promessas acerca do futuro não anulam a disciplina do presente.

A esperança do profeta (7.14-20)

Miqueias constrói sua esperança sobre quatro sólidos fundamentos. Sua esperança está firmada em Deus, e não no homem. A solução vem do céu, e não da terra. Vamos lançar aqui esses cinco fundamentos:

Em primeiro lugar, *Deus é o Pastor do seu povo* (7.14). Miqueias cessa de falar com os inimigos do povo de Deus e começa a orar a Deus e o faz nesses termos: "Apascenta o teu povo com a tua vara, o rebanho da tua herança, que mora a sós no bosque, no meio da terra fértil; apascentem-se em Basã e Gileade, como nos dias de outrora".

Miqueias recorda esse consolador conceito de Deus como pastor de seu povo (Gn 48.15; 49.24; Sl 80.1). Se Deus é o pastor, o povo é o rebanho, a propriedade pessoal de Deus (Êx 19.5,6).

Jesus retomou esse mesmo conceito de pastor e o aplicou a si mesmo (Jo 10.11). Três verdades devem ser aqui destacadas:

Como Deus pastoreia o rebanho. "Apascenta o teu povo com a tua vara" (7.14). A vara é uma ferramenta importante do pastor. Ela serve para proteger as ovelhas dos predadores e também para guiar as ovelhas. Com a vara, o pastor governa as ovelhas e também as disciplina.

Richard Sturz lembra que a vara é também sinal de autoridade para quebrantar os que não aceitam voluntariamente a sua autoridade (Sl 2.8,9).[283]

O pastor não deixava as ovelhas entregues às feras do campo. Ele estava presente com elas no calor do sol e frio do inverno. Ele as conduzia por pastos verdes e também pelos vales escuros. Ele as disciplinava com firmeza e as carregava no colo quando estavam fracas e doentes. É assim que Deus ainda pastoreia o seu povo.

Porque Deus pastoreia o rebanho. "Apascenta [...] o rebanho da tua herança" (7.14). Deus apascenta o rebanho da sua herança. Somos a herança de Deus. Somos o povo da aliança. Ele nos escolheu não porque tínhamos méritos, mas apesar do nosso demérito. Ele nos amou não porque havia em nós justiça, mas apesar dos nossos pecados. Somos ovelhas do seu pasto. Deus não desiste nem desampara as suas ovelhas. Ele as apascenta, as protege, as disciplina e as restaura.

Mesmo quando as ovelhas caem no abismo, o pastor vai buscá-las. Nenhuma ovelha do bom pastor perece (Jo 10.27,28).

Como Deus restaura o rebanho. "[...] que mora a sós no bosque, no meio da terra fértil; apascentem-se em Basã e Gileade, como nos dias de outrora."

Miqueias vê o povo de Judá sendo levado para o cativeiro babilônico. Mesmo vivendo em grandes metrópoles na megalomaníaca Babilônia, eles estavam sós, como que morando num bosque. No entanto, esse povo, como rebanho, seria tirado de lá e apascentado por Deus com abundante provisão, como os rebanhos que viviam em Basã e Gileade, as terras mais férteis da Palestina.

Deus apascentaria seu povo como nos dias de outrora. A restauração de Deus seria completa!

Em segundo lugar, *Deus é o libertador do seu povo* (7.15-17). Miqueias passar a falar de Deus, agora, não como

A esperança que nasce do desespero

pastor, mas como o libertador do seu povo e o faz nestes termos:

> Eu lhe mostrarei maravilhas, como nos dias da tua saída da terra do Egito. As nações verão isso e se envergonharão de todo o seu poder; porão a mão sobre a boca, e os seus ouvidos ficarão surdos. Lamberão o pó como serpentes; como répteis da terra, tremendo, sairão dos seus esconderijos e, tremendo, virão ao Senhor, nosso Deus; e terão medo de ti (7.15-17).

Duas verdades são aqui destacadas por Miqueias:

A restauração do povo de Deus (7.15). O mesmo Deus que tirara o povo do Egito, com mão forte e poderosa, quebrará novamente os grilhões do seu cativeiro babilônico. O mesmo Deus que fizera maravilhas no primeiro êxodo manifestará novamente o seu poder a favor do seu povo.

Deus continua sendo o libertador do seu povo. Liberta-o da potestade de Satanás, do reino das trevas, deste mundo tenebroso, do pecado e de todas as suas tribulações. A cruz de Cristo é o nosso êxodo. Ali, no Calvário, fomos libertos das algemas do pecado. Hoje somos livres, livres pelo sangue da cruz!

A derrota dos inimigos do povo de Deus (7.16,17). Miqueias diz que as nações se envergonharão de seu poder ao ver o livramento do povo de Deus. As nações se envergonharão de como zombaram do Deus de Israel (7.10), de como trataram o povo de Deus (7.8) e também se envergonharão da própria fraqueza diante de Deus (7.16).[284]

A mão na boca é um gesto cultural que revela confusão e embaraço e ouvidos surdos indicam que as nações ficarão estupefatas com a dimensão da catástrofe. Ou seja, a visão de Deus agindo na História bloqueará as funções da fala e

MIQUEIAS – a justiça e a misericórdia de Deus

da audição, impedindo-as de lidar com os acontecimentos. Daí a confusão das nações.[285]

Os inimigos de Deus ficarão confusos e perplexos ao ver o triunfo do povo de Deus. Aqueles que oprimiram a igreja de Deus lamberão o pó como serpentes e sairão de suas tocas como répteis tremendo de medo. Naquele dia, os homens ímpios temerão não a morte, mas a presença aterradora daquele que está assentado no trono.

O apóstolo João descreve com cores fortes a cena dos inimigos da igreja tentando se esconder da presença de Deus no dia do juízo. Eles buscarão a morte, mas nem a morte poderá livrá-los da ira daquele que está no trono (*veja* Ap 6.12-17).

Em terceiro lugar, *Deus é o restaurador do seu povo* (7.18,19). O profeta Miqueias volta-se da ruína total dos inimigos da igreja para a glorificação do Deus da igreja. A partir de agora, ele vai entoar um hino de exaltação ao Deus da igreja. O profeta que havia iniciado sua profecia falando da ferida incurável de Jerusalém (1.9), agora grita de alegria ao celebrar o imensurável amor de Deus, revelado em seu gracioso perdão.

Crabtree tem razão quando diz que o castigo dos pecados de Israel não significava a rejeição do povo da sua escolha. No seu grande amor, o Senhor terá compaixão do seu povo fraco e vacilante. Ele apagará os pecados e as iniquidades do seu povo.[286]

Concordo com Warren Wiersbe quando disse que são poucas as passagens das Escrituras que contêm tanta "teologia instilada" quanto o texto de Miqueias, em apreço.[287] Veja o relato de Miqueias:

> Quem, ó Deus, é semelhante a ti, que perdoas a iniquidade e te esqueces da transgressão do restante da tua herança? O Senhor não

A esperança que nasce do desespero

retém a sua ira para sempre, porque tem prazer na misericórdia. Tornará a ter compaixão de nós; pisará aos pés as nossas iniquidades e lançará todos os nossos pecados nas profundezas do mar (7.18,19).

Duas verdades benditas enchem o coração do profeta Miqueias de doçura ao meditar sobre a pessoa de Deus.

Deus é incomparável em seu ser (7.18). Miqueias não está afirmando que havia outros deuses semelhantes a Deus. Os deuses dos povos são ídolos criados pela arte e imaginação do próprio homem. Essas divindades pagãs não passam de demônios que escravizam e oprimem as pessoas. Contudo, o Deus vivo é incomparável em sua graça. O Deus de Israel é autossuficiente, imenso, infinito, eterno, imutável, onipotente, onisciente, onipresente, soberano e cheio de graça e misericórdia. Não há Deus como ele. Ele é perfeito em seus atributos e em suas obras.

Deus é incomparável em seu perdão (7.18). Deus perdoa a iniquidade e esquece a transgressão do restante da sua herança. Ele não retém para sempre a sua ira porque tem prazer na misericórdia. Deus perdoa o seu povo, porque a sua graça é maior do que o pecado.

A ira de Deus foi suplantada pela sua misericórdia. O povo da aliança é disciplinado, mas se arrepende. O povo da aliança cai, mas se levanta. O povo da aliança peca, mas Deus o perdoa. O povo da aliança provoca a ira de Deus, mas o Senhor suplanta essa ira com sua misericórdia.

James Wolfendale diz que o perdão de Deus não é como o perdão limitado, difícil, parcial e amarrado que encontramos entre os homens; mas é pleno, livre, irrestrito, ilimitado, absoluto como é a natureza e as excelências divinas.[288] O perdão divino é inigualável em seu método, incessante em seu exercício, imerecido em seu princípio, imensurável em seu grau e abençoado em seu resultado.[289] Como devemos descrever o perdão de Deus?

O perdão divino é completo. Ele perdoa e esquece. Isso não significa que Deus tem amnésia; significa que Deus nunca mais lança em nosso rosto a dívida que ele nos perdoou.

Richard Sturz, nessa mesma linha de pensamento, diz que a palavra hebraica *'abar* traduzida por "esqueces" não é uma tradução muito boa, pois pode dar a ideia que Deus não mantém os registros dos nossos pecados em ordem. A palavra hebraica *'abar* significa basicamente "cancelar" e, indica uma decisão consciente de não exigir pagamento pelos seus pecados.[290]

Na linguagem poética de Miqueias, Deus lança todos os nossos pecados nas profundezas do mar. E Corrie Ten Boom acrescenta: "E Deus coloca ali uma placa: É proibido pescar aqui". Deus apaga os nossos pecados como a névoa. Ele lança os nossos pecados para trás de suas costas. Ele afasta de nós nossas transgressões como o Oriente do Ocidente. Ele nos torna alvos como a neve e brancos como a alva lã. O sangue de Jesus nos purifica de todo o pecado.

O perdão divino é justo. Charles Feinberg está coberto de razão quando diz que Deus perdoa o nosso pecado em virtude da obra do Senhor Jesus Cristo no Calvário, em nosso lugar e em nosso favor, onde ele carregou esses pecados por nós sobre o madeiro. Visto que Jesus foi punido por eles, Deus nos perdoa completa e cabalmente.[291]

Deus fez cair sobre ele a iniquidade de todos nós. Ele foi ferido pelos nossos pecados. Foi feito pecado por nós. Ele morreu pelos nossos pecados. A condenação que deveríamos sofrer, ele a sofreu por nós. O cálice da ira de Deus que deveríamos beber, ele o bebeu por nós. O castigo

A esperança que nasce do desespero

que os nossos pecados merecem e que deveríamos suportar, ele suportou por nós. A morte que deveríamos receber como o salário do nosso pecado, ele a recebeu por nós. A cruz de Cristo é o preço pago pela nossa redenção. A cruz é a eloquente voz tanto da justiça de Deus contra o pecador quanto do amor de Deus ao pecador.

O perdão divino é condicional. O perdão divino não é para os rebeldes que se mantêm endurecidos, mas para os que se arrependem, ou seja, para "o restante da sua herança". Cristo não morreu na cruz para que aqueles que permanecem em seus pecados sejam salvos; ele morreu na cruz para que aqueles que se arrependem e creem recebam o perdão e a vida eterna.

Em quarto lugar, *Deus é incomparável em sua misericórdia* (7.18,19). Embora a ira seja um atributo perfeito que orna o ser justo e santo de Deus, ele se deleita na misericórdia. Deus não tem prazer na morte do ímpio, mas tem prazer na misericórdia. Ele não se alegra com a condenação do perverso, mas suas entranhas se movem de gozo com a volta do arrependido para os seus braços. Deus não tem prazer de pisar os pecadores, mas tem prazer em pisar as nossas iniquidades. Deus não tem prazer em banir o ímpio da sua presença, mas tem prazer em lançar todos os nossos pecados nas profundezas do mar.

Em quinto lugar, *Deus é o fiel cumpridor da aliança com o seu povo* (7.20). Miqueias conclui sua profecia, dizendo: "Mostrarás a Jacó a fidelidade e a Abraão, a misericórdia, as quais juraste a nossos pais, desde os dias antigos." O povo de Deus é perdoado e restaurado não por seus méritos, mas por causa da fidelidade de Deus à sua aliança. Mesmo quando somos infiéis, Deus permanece fiel. Ele não pode negar a si mesmo. Porque suas promessas são fiéis e verdadeiras, temos uma âncora segura onde nos agarrarmos. Nossa restauração decorre da fidelidade de Deus à sua aliança firmada com Abraão e Jacó. Nosso futuro está garantido por causa das firmes raízes plantadas no passado.

Warren Wiersbe nos encoraja, dizendo que não importa quão escuro seja o dia, a luz das promessas de Deus continua a brilhar. Não importam quão confusas e assustadoras sejam as circunstâncias, o caráter de Deus permanecerá eternamente o mesmo.[292]

Concluo esta exposição com as palavras de Maillot, quando disse que Deus voltará para junto de seu povo. Suas entranhas, comovidas, o incitarão à misericórdia. Ele pisará o passado de erros de seu povo, atirará suas faltas no abismo e retornará às alianças mediante as quais ele constituiu Israel: as alianças com Abraão e, mais tarde, com Jacó, as quais continuam sempre vivas.[293]

NOTAS DO CAPÍTULO 8

[265] PEISKER, Armor D. *O livro de Miqueias* in *Comentário bíblico Beacon*. Vol. 5, p. 194.

[266] MAILLOT, A. e LELIÈVRE, A. *Atualidade de Miqueias,* p. 165.

[267] STURZ, Richard J. *Miqueias* em *Obadias, Jonas, Miqueias, Naum, Habacuque e Sofonias*, p. 272.

[268] PAPE, Dionísio. *Justiça e esperança para hoje*, p. 74.

[269] FEINBERG, Charles L. *Os profetas menores*, p. 183.

[270] STURZ, Richard J. *Miqueias* em *Obadias, Jonas, Miqueias, Naum, Habacuque e Sofonias*, p. 273.

[271] CALVINO, João. *Commentaries on the minor prophets*, p. 126.

[272] MAILLOT, A. e LELIÈVRE, A. *Atualidade de Miqueias*, p. 162.

[273] CALVINO, João. *Commentaries on the minor prophets*, p. 128.

[274] Sturz, Richard J. *Miqueias* em *Obadias, Jonas, Miqueias, Naum, Habacuque e Sofonias*, p. 274.

[275] MAILLOT, A. e LELIÈVRE, A. *Atualidade de Miqueias*, p. 168.

[276] WIERSBE, Warren W. *Comentário bíblico expositivo*. Vol. 4, p. 498.

[277] FEINBERG, Charles L. *Os profetas menores*, p. 184.

[278] MAILLOT, A. e LELIÈVRE, A. *Atualidade de Miqueias*, p. 170.

[279] STURZ, Richard J. *Miqueias* em *Obadias, Jonas, Miqueias, Naum, Habacuque e Sofonias*, p. 276.

[280] PEISKER, Armor D. *O livro de Miqueias* in *Comentário bíblico Beacon*. Vol. 5, p. 196.

[281] STURZ, Richard J. *Miqueias* em *Obadias, Jonas, Miqueias, Naum, Habacuque e Sofonias*, p. 276.

[282] MAILLOT, A. e LELIÈVRE, A. *Atualidade de Miqueias*, p. 173.

[283] STURZ, Richard J. *Miqueias* em *Obadias, Jonas, Miqueias, Naum, Habacuque e Sofonias*, p. 283.

[284] STURZ, Richard J. *Miqueias* em *Obadias, Jonas, Miqueias, Naum, Habacuque e Sofonias*, p 284. ·

[285] STURZ, Richard J. *Miqueias* em *Obadias, Jonas, Miqueias, Naum, Habacuque e Sofonias*, p. 284,285.

[286] CRABTREE, A. R. *Profetas menores*, p. 190.

[287] WIERSBE, Warren W. *Comentário bíblico expositivo*. Vol. 4, p. 499,500.

[288] WOLFENDALE, James. *The preacher's complete homiletic commentary*. Vol. 20, p. 461.

[289] WOLFENDALE, James. *The preacher's complete homiletic commentary*. Vol. 20, p. 460.

[290] STURZ, Richard J. *Miqueias* em *Obadias, Jonas, Miqueias, Naum, Habacuque e Sofonias*, p. 286.

[291] FEINBERG, Charles L. *Os profetas menores*, p. 188,189.

[292] WIERSBE, Warren W. *Comentário bíblico expositivo*. Vol. 4, p. 500.

[293] MAILLOT, A. e LELIÈVRE, A. *Atualidade de Miqueias*, p. 179.

Sua opinião é importante para nós. Por gentileza, envie seus comentários pelo e-mail editorial@hagnos.com.br

Visite nosso site: www.hagnos.com.br

Esta obra foi impressa na Imprensa da Fé.
São Paulo, Brasil.
Verão de 2019.